가볍게 떠먹는

데이터 분석 프로젝트

가볍게 떠먹는 **데이터 분석 프로젝트**

1쇄 발행 2021년 11월 19일
2쇄 발행 2023년 6월 30일

지은이 윤영진, 황재진
펴낸이 장성두
펴낸곳 주식회사 제이펍

출판신고 2009년 11월 10일 제406-2009-000087호
주소 경기도 파주시 회동길 159 3층 / **전화** 070-8201-9010 / **팩스** 02-6280-0405
홈페이지 www.jpub.kr / **원고투고** submit@jpub.kr / **독자문의** help@jpub.kr / **교재문의** textbook@jpub.kr

소통기획부 김정준, 이상복, 김은미, 송영화, 권유라, 송찬수, 박재인, 배인혜
소통지원부 민지환, 이승환, 김정미, 서세원 / **디자인부** 이민숙, 최병찬

진행 및 교정·교열 장성두 / **내지디자인 및 편집** 이민숙 / **표지디자인** 미디어픽스
용지 에스에이치페이퍼 / **인쇄 및 제본** 태원인쇄

ISBN 979-11-91600-16-2 (93000)
값 19,800원

제이펍은 독자 여러분의 아이디어와 원고 투고를 기다리고 있습니다. 책으로 펴내고자 하는 아이디어나 원고가 있는
분께서는 책의 간단한 개요와 차례, 구성과 저(역)자 약력 등을 메일(submit@jpub.kr)로 보내 주세요.

가볍게 떠먹는
데이터 분석 프로젝트

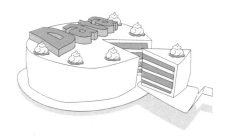

윤영진, 황재진 지음

차 례

추 천 사

"학생들이 중간, 기말 과제로 프로젝트를 수행하다 보면 실제 데이터를 마주치면서 어려움을 겪는 경우가 많다. 데이터를 어디서 수집해야 하는지부터 데이터를 효율적으로 정리하는 일까지 실무적으로 경험하지 않으면 알기가 어려웠다. 하지만 이제 그 걱정은 접어 두자. 이 책은 실제 데이터를 수집하고, 가공, 분석, 시각화하는 일련의 과정을 소개하며 학생들 스스로 데이터 분석가로 성장할 수 있는 기초를 마련해 준다."

— **표동진,** 창원대학교 경제학과 교수

"데이터 분석 프로젝트는 데이터의 수집, 가공, 분석, 발표에 이르기까지의 긴 여정이다. 이 책은 이러한 여정을 체계적이면서도 누구나 이해할 수 있게 아주 친절히 설명하고 있다. 데이터 분석 입문자들에게 꼭 필요한 책이라 생각한다."

— **이경선,** 강원대학교 산업공학부 조교수

"온라인으로 상품을 판매하면서 분석 가능한 데이터가 많아졌다. 데이터를 분석해 새로운 기회를 창출하고 싶지만 인력과 경험 부족으로 어디서부터 시작해야 할지 막막한 기분이 들 때가 많았는데, 구세주가 등장했다. 이 책에서 제시하는 데이터 분석 프로젝트의 절차와 예제는 누구나 데이터를 기반으로 앞으로 나아갈 수 있는 든든한 실무 길잡이가 되어 줄 것이다."

— **이도경,** KL트레이딩 대표

"팀장으로서 다양한 데이터 관련 프로젝트를 진행할 때 팀원에게 구매하여 선물하고 싶은 책이다. 일선에서는 실무 경험을 가진 담당자를 찾기가 쉽지 않다. 그렇다고 하나씩 알려주면서 프로젝트를 진행할 수도 없는 것이 현실인데, 이 책은 데이터 분석 프로젝트를 어떻게 이끌어가고 다양한 상황 속에 부딪히는 문제를 어떻게 해결해야 할지에 대한 지침서가 될 것이다."

— **엄성환,** 코오롱 기획팀장

"업무를 하면서 수많은 데이터를 마주하게 되지만, 보고 시즌만 되면 매번 그 데이터를 가치 있게 다루어 좋은 결과물을 얻고자 하는 고민이 되풀이된다. 이 책《가볍게 떠먹는 데이터 분석 프로젝트》는 이러한 고민을 덜어주는 내용을 담고 있다. 직장에서 데이터를 다루고자 하는 모든 이에게 추천한다."

— **박재훈,** LG에너지솔루션 부장

머리말

데이터 분석은 여러 데이터를 수집, 정리, 변환하여 유용한 정보를 발견하여 결론을 내리고, 사용자의 의사결정을 지원하는 총체적인 과정이다. 언뜻 보면 무언가 어렵고 전문적인 기술을 요구하는 일이라고 느껴지지만, 우리는 일상 속에서 이미 수많은 데이터 분석 프로젝트를 수행하고 있다. 예를 들어, 사용자들은 자신의 스마트폰에서 신용카드사 앱을 이용하여 신용카드 사용 내역을 확인한다. 이때 스마트폰 앱에서 카드 내역을 확인하는 이유는 무엇일까? 불필요한 소비를 찾기 위해서인가? 아니면 나의 소비 패턴을 이해하기 위한 것인가? 대부분은 카드 상세 내역 하나하나를 보거나 앱에서 제공하는 차트를 보면서 본인의 소비 패턴을 이해하고 어떠한 목적(예 불필요한 소비를 줄이겠다)을 달성하기 위해서 계획을 세울 것이다. 이렇게 데이터 분석은 이미 우리의 생활 속에 깊숙이 자리해 있다.

우리는 현재 엄청나게 쏟아지는 데이터의 홍수 속에 살고 있다. 여러분이 내비게이션을 통해 목적지를 검색하고 이동을 하는 동안에도 수많은 정보가 수집되어 기록되고 있다. 그리고 카카오톡으로 나누는 대화, 배달의민족으로 주문한 내역, 사용한 신용카드 기록, 여러 소셜 네트워크(페이스북, 인스타그램 등) 소통 내역 등 일일이 나열하기에도 모자란 무수한 정보가 데이터로 기록되고 저장된다. IT 기술과 사물인터넷의 발달로 지금 이 시각에도 상상할 수 없는 데이터가 생성되어 전송되고 있으며, 실시간으로 데이터가 기록되고 있다.

기업, 조직의 관점에서는 과거 수작업으로 기록되던 거래, 매출, 회계, 재무, 생산, 고객 관리, 서비스 내역 등 모든 상세 내역과 조직 내의 업무 프로세스 대부분은 이제 시스템으로 처리 및 관리되고 디지털화되어 보관된다. 관련 데이터는 실시간으로 기록되고 저장되며, 언제 어디서든 접속하여 확인할 수 있는 시대가 도래하였다. **즉, 4차 산업혁명 시대의 핵심은 데이터다.**[1] 이제 데이터는 모든 조직이 가장 원하는 자원이 되었다.

페이스북, 아마존, 넷플릭스, 구글, 애플 등의 IT 기업이 이 시대를 주도하는 이유는 이러한 데이터를 확보하기에 가장 유리한 플랫폼 기업이기 때문이다. 모든 데이터는 플랫폼 기업을 통하고, 플랫폼 기업은 그 데이터를 소유한다. 애플은 전 세계의 개발자들이 개발한 앱을 자사의 앱스토어를 통해 판매하고 이익을 얻는다. iOS 환경에서 구동되는 모든 앱은 애플의 앱스토어를 통할 수밖에 없다. 어떠한 앱이 인기 있는지 그 트렌드는 데이터로 고스란히 기록된다. 페이스북은 자신의 플랫폼을 통해 세계의 여론을 주도할 수 있다. 20억 명이 넘는 사용자가 나누는 대화, 그들의 생각, 관심사를 모니터링할 수 있고 데이터로 보관한다.

하지만 이러한 핵심 자원인 데이터는 그 자체로서는 아무런 의미가 없다. 소비 내역을 보여주는 카드 내역, 구글 맵 검색 내역을 통해 수집된 사람들의 이동 경로, 아마존의 상품 판매 내역 등의 **빅데이터가 의미 있고 가치를 가지기 위해서는 인간의 사고와 판단에 의해 적절하게 정리, 변환, 분석되는 절차가 필요하다.**

막 사회생활을 시작하는 직장인은 물론 다양한 분야에서 활동하고 있는 연구자들, 그리고 기술적 배경이 없는 일반인들에게도 데이터 분석 요구가 높아지고 있다. 하지만 이렇게 높아진 기대치를 충족할 만큼 역량을 갖춘 이는 많지 않고, 조직 또한 구성원들을 뒷받침할 만한 여건을 제공하지 못하고 있는 현실이다. **이 책은 이러한 상황 속에 체계적인 교육 없이 실전에 투입되는 이들을 위한 가이드라인을 제시하고 있다.** 다음과 같은 독자들에게 이 책이 유용할 것이다.

---

[1]   4차 산업혁명 시대의 '쌀'(산업혁명 시대에는 '철'이 '쌀'로 불렸다)이라 불리는 데이터는 모든 IT 회사가 가장 원하는 자원이다.

- 데이터 분석을 수행해야 하는 개인이나 학생
- 데이터 분석 관련 프로젝트를 맡았지만 관련 배경지식이 없는 사회 초년생
- 데이터 분석 프로젝트를 실제로 이끌어야 하는 프로젝트 매니저나 중간 관리자
- 데이터 분석 결과를 조직에 반영하여 전략을 수립하고자 하는 최고 관리자 및 경영자

이 책은 데이터를 분석하고자 하는 누구라도 데이터 분석이라는 여정을 무사히 마치도록 그 시작부터 끝까지의 전 과정을 소개하는 것을 목표로 한다. 데이터 분석 프로젝트는 프로젝트 목적, 구성원 및 관계자, 데이터의 성격, 예산, 환경 등에 따라 세부적인 절차 및 진행 과정이 유기적으로 달라질 것이다. 하지만 착수, 진행 과정, 마무리에 이르는 큰 흐름에서는 일반적으로 적용 가능한 방법론이 존재한다. **이 책을 통해 독자들이 데이터 분석 프로젝트의 흐름과 접근법을 이해하고 실제로 적용한다면, 전문적인 지식과 관련 경험이 없더라도 별다른 어려움 없이 데이터 분석을 수행하거나 리드할 수 있을 것이다.** 그것이 바로 이 책이 추구하는 가장 큰 목표다.

윤영진, 황재진 드림

감사의 글

직·간접적으로 집필과 출간을 도와준 많은 분께 감사의 인사를 전합니다. 책에 담긴 아이디어, 콘텐츠 등은 살아오면서 얻은 지식, 경험을 바탕으로 하였습니다. 이 모든 것은 주변에서 저를 도와주고 아낌없이 지원해 준 분들이 있었기에 가능하였습니다. 무엇보다 사랑하는 이나, 나라, 그리고 가족을 항상 든든하게 지켜주는 아내 보경에게 감사의 말을 전하고 싶습니다.

윤영진

이 책이 나올 수 있도록 영감과 힘을 불어넣어 준 많은 분께 감사의 인사를 전합니다. 무엇보다도 이 책을 기획하고 이끌어준 윤영진 저자님, 집필하는 동안 곁에서 응원과 지원을 아끼지 않으셨던 장성두 대표님, 그리고 좋은 책을 위해 힘써 주신 모든 제이펍 직원들께 감사의 인사를 전합니다. 늘 곁에서 힘이 되어주는 혜원, 웃는 모습이 너무나 사랑스러운 진원, 앞으로 만나게 될 선물이에게 이 책을 바칩니다.

황재진

김진영(야놀자)

'데이터 분석'이라는 말에 '또 어떤 어려운 내용이 나올까'라는 긴장감과 함께 책을 펼쳐 보았습니다만, 그 긴장감이 무색하게 책의 마지막 장까지 어렵지 않게 책장을 넘길 수 있었습니다. 데이터 분석에 이미 익숙한 분보다는 데이터 분석을 막 시작하시는 분이 전반적인 흐름을 어떻게 잡아야 할지 탐색하는 시점에 읽으면 좋을 것 같습니다.

 김용현(Microsoft MVP)

데이터 관리를 위해 필요한 게 무엇인지 파악하는 방법, 분석을 위한 올바른 접근 방법 등을 알아보며 표준 분석 방법론 절차(CRISP-DM, ASUM-DM)에 따라 구체적인 단계를 개괄하는 내용이었습니다. 시각화를 이용하기 위한 전용 도구들의 비교, 이를 올바르게 사용하는 방법, 대시보드 구성 기법 등 데이터 분석의 시작을 빠르게 읽으며 습득할 수 있습니다. 데이터 분석에 관심 있는 초보자를 위한, 이들의 관점에서 쉽게 접근할 수 있는 좋은 도서인 것 같습니다.

 신진규(JEI)

데이터 분석 프로젝트를 처음 수행하는 분들이라면 누구나 당황하게 마련입니다. 특히, 생소한 분야의 프로젝트라면 더더욱 어렵게 느껴질 겁니다. 하지만 이 책을 통해서라면 데이터 분석 프로젝트가 어떻게 흘러가고, 어떤 결과물이 나오는지 미리 살펴보면서 주어진 프로젝트를 잘 마무리할 수 있을 겁니다.

정형준

저와 함께 일하는 데이터 분석가들(초보)에게 추천하고 싶은 책입니다. 시작한 지 얼마 안 되는 초보자들에게 도움이 많이 될 것 같습니다. 대화식으로 구성한, 가상의 데이터 분석 케이스 스터디 부분이 특히 마음에 들었습니다.

 조원양(스마트사운드)

단순히 데이터를 다루는 테크닉을 설명하는 것이 아니라 프로젝트의 설계부터 시작해서 단계별로 데이터를 수집하는 방법을 알려줍니다. 또한, 난이도가 낮은 케이스 스터디와 중급 수준의 케이스 스터디를 통해 공부한 내용을 실제 프로젝트에 적용할 수 있도록 디딤돌을 놓아주는 책입니다. 데이터 분석에 처음 입문할 때 배경지식이 없더라도 거부감 없이 쉽게 공부할 수 있다고 생각합니다. 내용 자체가 체계적이고 어렵지 않아서 데이터 분석 입문서로서 훌륭하다고 생각합니다.

제이펍은 책에 대한 애정과 기술에 대한 열정이 뜨거운 베타리더의 도움으로 출간되는 모든 IT 전문서에 사전 검증을 시행하고 있습니다.

01

데이터 분석
프로젝트

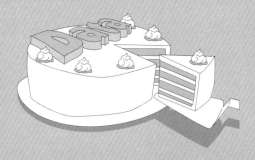

데이터 분석의 주된 목적은 의사결정에 필요한 통찰력을 얻는 것이다. 데이터 분석 프로젝트는 바로 이러한 목표를 달성하기 위한 일련의 모든 과정을 일컫는다. 사전적 의미로 프로젝트란, 특정 결과(목표)에 도달하기 위해 완료해야 하는 총체적인 작업이다. 예를 들면, 시스템을 구축하거나 스마트폰 애플리케이션을 만드는 목표가 있을 때 이를 달성하기 위한 작업을 수행하는 과정이 하나의 프로젝트다. 데이터 분석 프로젝트는 특히 데이터를 바탕으로 이를 분석하여 개인 또는 조직이 원하는 결과를 얻기 위한 일련의 과정이라고 정의 내릴 수 있다.

세계에서 가장 가치 있는 브랜드 1위(2020년 기준)를 차지한 아마존의 경우 성공 전략의 핵심을 '데이터 분석'으로 꼽는다. 그림 1.1은 '플라이휠FlyWheel 모델'이라는 아마존의 유명한 성장 모델이다. 제프 베조스 회장이 식사 중 냅킨에 그렸다고 해서 '냅킨 스케치'라고도 불린다. 그림을 보면 두 종류의 바퀴가 굴러가는데, 모두 '고객 경험'을 매우 중요한 가치로 여긴다는 것을 알 수 있다. 이때 아마존은 고

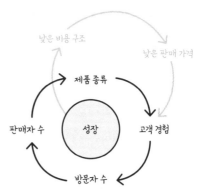

그림 1.1 **아마존의 플라이휠 모델**

객 경험을 이해하고 개선하기 위해 **데이터를 적극적으로 활용**한다. 예를 들면, 아마존은 웹페이지 로딩이 0.1초 지연될 때마다 판매 실적이 1% 감소한다는 것을 데이터 분석을 통해 발견했다. 아마존은 고객들의 빠르고 편리한 쇼핑을 돕기 위해 페이지의 로딩이 0.6초 안에 이루어지도록 설계하였다. 이러한 사례를 통해 알 수 있듯이, 데이터 분석 프로젝트는 개인과 조직의 성공에 필수적인 요소로 자리 잡았다.

1.2 데이터 분석 프로젝트의 목적

앞서 언급하였듯이, 일반적으로 데이터 분석의 목적은 데이터를 바탕으로 한 합리적인 사고 과정을 통해서 올바른 의사결정을 지원하는 것이다. 예를 들어, 비즈니스 현장에서는 매 순간 내려야 하는 의사결정을 과거의 경험과 본능에만 의존하지 않고 객관적인 데이터에 기반하여 합리적으로 내리는 데 사용할 수 있다. 새로 출시할 신제품을 개발할 때, 새로운 광고를 제작할 때, 신규 매장을 출시할 때 등 사업의 운영 및 확장 전반에 걸쳐 데이터 분석이 중요한 의사결정의 도구 및 근거 자료가 된다.

이러한 거창한 과제가 아니더라도 **우리의 일상 속에서도 각자의 목적을 위해 데이터 분석을 진행할 수 있다.** 예를 들어, 건강과 미용을 목적으로 다이어트를 한다고 해보자. 이를 위해 다이어트와 관련한 데이터 분석을 진행한다고 하면 조금 쉽게 이해될 것이다. 막연히 적게 먹고 많이 운동하기보다는 목표를 수립하고 데이터에 기반하여 개인에게 적합한 다이어트를 진행할 수 있다. 체중과 관련하여 가장 직접적인 데이터에는 바로 ① 신체로 들어오는 칼로리, 그리고 ② 일상생활 또는 운동으로 소모되는 열량 등이 있다. 섭취하는 식사와 관련하여 세부적인 영양소, 그리고 소모하는 열량에 더하여 수면 시간, 활동 패턴 등 다이어트와 관련한 데이터를 수집하여 분석이 가능하다. 분석을 통해 얻은 결과를 바탕으로 개인의 식습관 특징과 패턴, 그리고 본인에게 적합한 운동 방식 및 생활 습관을 정할 수 있다.

데이터 분석은 그 행위 자체보다는 분석 결과를 통해 사용자 본인이나 의사결정자에게 판단의 근거를 제공하는 데 의의가 있다. 그 의사결정을 하는 당사자가 조직의 미래를 결정하는 의사결정자라면, 오류가 포함된 데이터 분석 결과를 이용하였을 때 발생할 파장은 더욱 클 것이다. 이런 이유로 올바른 방향성을 가진, 그리고 체계적인 과정을 통한 데이터 분석 프로젝트는 개인 또는 조직의 발전과 성공에 큰 영향을 미칠 것이다.

그렇다면 데이터 분석 프로젝트는 왜 중요한 것일까? 다음과 같이 몇 가지 사항에 대해서 이야기해 보자.

1.3.1 조직의 생산성, 효율성 및 수익성 성장의 기회

데이터 분석 프로젝트는 조직의 생산성, 효율성 및 수익성의 성장을 촉진하는 계기가 된다. 사용하기 쉽게 잘 다듬어진 데이터를 분석하면 과거에 보이지 않던 기회를 포착할 수 있다. 공장을 운영하는 관리자의 경우 기계 설비와 인력을 최적화하여 배치할 수 있다. 수많은 장비 중 오류를 자주 일으키는 장비가 무엇인지 데이터 분석을 통해 확인할 수 있다. 이를 바탕으로 장비별로 다른 정비 스케줄을 수립할 수 있다. 과거에 보이지 않던 비효율을 데이터로 시각화할 수 있어서 불필요하게 낭비되는 부분을 식별하고 운영 및 생산의 시간과 비용을 줄이기 위한 방법을 찾을 수 있도록 도와준다. 이를 통해 개인과 조직은 생산성, 비효율의 개선, 수익성 성장의 기회를 찾아낼 수 있다.

1.3.2 합리적 의사결정

아직도 많은 사람들이 자신의 직감이나 본능에 따라 중요한 결정을 하곤 한다. 한 분야 또는 업계에서 오랜 시간 동안 축적된 경험과 지식은 분명 가치 있는 자산이다. 하지만 이러한 본능적 감각을 뒷받침하는 합리적 의사결정 도구가 있다면 더욱 빛을 발할 것이다. 데이터에 기반하여 흐름을 이해하고 미래를 예측하는 합리적 의사결정은 실제로 많은 현장에서 그 효과를 증명하고 있다.

1.3.3 설득과 협상의 훌륭한 도구

인생은 끊임없는 설득과 협상의 과정이다. 설득과 협상의 과정에서 탄탄한 근거와 이를 뒷받침할 데이터가 있다면 그보다 강력한 무기는 없다. 데이터 분석 프로젝트의 결과를 활용하여 협상을 진행한다면 그 성공 확률은 배가 된다. 예를 들어, 여러분이 다른 회사를 인수하거나 부동산을 구매한다고 가정하자. 매도자(혹은 양도자)는 높은 가격을 받고자 할 것이고, 매수자(혹은 구매자)는 낮은 가격에 인수하고자 할 것이다. 협상을 성공적으로 이끌고 원하는 가격에 매물을 구매하기 위해서는 합리적인 사업체(또는 부동산)의 가격 산정이 필요하다. 특히 빈번하게 거래가 이뤄지지 않는 상품이라면 적정 금액을 책정하기가 쉽지 않다. 그렇기 때문에 과거 유사 매물의 판매 가격, 연도별 사업체의 현금 흐름, 수익 현황, 관련 위험 및 기회 등 여러 데이터를 토대로 합리적인 과정을 통해 분석된 데이터를 제시한다면, 상대방과의 협상에서 우위를 점하고 원하는 방향으로 협상을 주도할 수 있다.

그림 1.2 데이터 분석 프로젝트가 중요한 세 가지 이유

1.4 데이터 분석 프로젝트 수행 시 고려사항

지금부터는 일반적으로 데이터 분석 프로젝트를 수행할 때 적용할 수 있는 고려사항을 소개하고자 한다.

1.4.1 의사소통

데이터 분석은 전체적인 흐름에서는 일종의 의사소통 과정의 일부분이다. 조직 또는 팀 단위의 구성원들과 분석 과정과 결과를 정확하게 공유하고 소통하는 것은 프로젝트 성공의 핵심이다. 가장 중요한 것은 데이터 분석자는 의도한 바를 명확하게 보고 대상자에게 전달해야 한다는 것이다. 여기에서 의사소통의 중요성이 강조되는데, 전달하고자 하는 메시지를 전달받는 쪽에서 의도한 대로 이해하지 못하면 그 데이터 분석 프로젝트의 목표는 달성하기 어렵다. 간단한 개인 프로젝트의 경우와 달리 대

다수의 데이터 분석 프로젝트에는 많은 이해관계자가 참여한다. 한 예로, 회사 내에서 마케팅 관련 데이터 분석 프로젝트를 진행할 때는 다음과 같은 부서의 담당자가 참여할 것이다.

- **영업/마케팅 부서**
- **IT 부서**
- **전략 부서**
- **기타 유관 부서**

각 부서의 담당자는 다른 경험과 배경지식을 가지고 있으며, 해당 프로젝트에서 얻고자 하는 목적이 다르다. 같은 회사에 소속된 직원으로 같은 프로젝트를 수행하고 있지만, 사용하는 언어, 경험과 업무 속성의 차이, 그로 인한 사고방식의 차이, 그리고 프로젝트에서 얻고자 하는 목적이 다르기 때문에 같은 현상과 결과물을 보고도 다르게 해석할 수 있는 여지가 많다. 이러한 이유로 데이터 분석 프로젝트 수행 및 전달 과정에서 전달자의 의도대로 상대방이 메시지를 이해하지 못하는 경우가 많다. 이로 인해 전달하고자 하는 메시지와 해석된 내용 사이에 불일치가 있으면 올바른 의사결정의 지원이라는 데이터 분석 프로젝트의 목적을 달성할 수가 없게 된다.

1.4.2 유연성

모든 이해관계자는 데이터 분석 결과를 바탕으로 한 여러 제안을 수용할 수 있는 포용력을 가져야 한다. 다양한 이해관계로 인해 대부분의 조직에서는 여러 유형의 가치를 요구한다. 데이터 분석 결과를 통해 경영진 또는 의사결정자가 수용한 판단은 여러 이해관계자에게 다양한 영향을 미칠 수 있다. 예를 들어, 데이터 분석 결과로 불필요한 예산과 비용 구조가 발견되었다고 하였을 때 의사결정자는 조직의 재구성 또는 인력 재배치 등을 결정할 수 있다. 이때 여러 부서 및 인원들이 긍정적 또는 부정적인 영향을 받을 것이고, 이는 여러 이해관계자의 저항을 불러일으킬 수 있다. 이러한 판단이 오히려 조직 전체의 사기와 성과에 부정적인 영향을 끼칠 수 있어서 데이터 분석 결과를 바탕으로 의사결정을 수행해야 하는 경영진은 데이터 분석 결과와 해석에 있어서 다양한 열린 사고를 해야 하고 주변의 의견에 귀 기울여야 한다.

1.4.3 합의된, 그리고 명시된 기대치 수립

데이터 분석이 우리에게 줄 수 있는 가치가 무엇인지에 대한 기대치를 우선 먼저 정확하게 수립해야 한다. 데이터 분석에 대한 사전 지식이 없거나 관련 경험이 없다면 데이터 분석 프로젝트의 효용 자체에 오해를 가질 수 있다. 예를 들어, 경영진은 데이터 분석을 조직 내에 모든 영역에 적용할 수 있다고 오해할 수 있다. 또는 데이터 분석 결과가 개인이나 조직의 의사결정에 항상 긍정적인 영향을 준다고 생각할 수 있다. 하지만 적용 영역, 성과 및 영향의 범위는 조직이 보유한 인력, 프로세스, 보유 기술(소프트웨어, 기반 시설)에 따라 달라질 수 있는 것이다. 그런데도 현실에서는 조직과 개인의 환경과 보유 역량을 고려하지 않은 채 무리하게 일을 추진하기도 한다.

중요한 것은 각 조직과 개인의 환경 및 상황을 고려하지 않는 상태에서 무리하게 높은 기대치를 가질 경우 기대한 만큼의 성과를 얻기 힘들다는 점이다. 이러면 어려운 환경에서 높은 성과를 거두었음에도 달성 불가능한 기대를 설정하였기 때문에 평가자는 그 결과를 성공으로 받아들이지 않을 수 있다. 이 때문에 프로젝트 수행자의 입장에서는 본인의 성과가 낮게 평가될 것이다. 그러므로 앞서 언급한 기술, 인력, 프로세스 이 세 가지 요소를 고려한 합리적인 수준의 기대치와 그에 맞는 목표를 세우는 것이 기대치를 충족하면서 목표를 달성하는, 즉 모든 이해관계자의 만족도를 높일 수 있는 현실적인 접근법이다.

1.4.4 가치의 제시

전달하는 데이터 분석 결과는 상대방에게 의미 있는 가치를 포함해야 한다. 즉, 분석 결과의 이용자인 개인 또는 조직을 위한 가치가 무엇인지 분석 결과와 전하는 메시지는 분명하게 명시해야 한다. 예를 들어, 대부분 조직의 목표, 특히 영리를 추구하는 회사에서 가장 큰 목표는 수익의 실현이다. 고객이 원하는 제품과 서비스를 제공하여 매출을 지속해서 높이고 고용과 직/간접적인 비용을 최적화해 수익을 극대화하는 것이 조직의 존재 이유이자 목표다.

수익 = 매출 − 비용

이와 같은 식으로 단순한 구조에서 데이터 분석 프로젝트의 목표가 매출의 증대 또는 비용의 감소라는 핵심 가치를 약속할 수 있다면, 데이터 분석 결과를 이용할 사용자에게 그 프로젝트의 결과는 인정되고 수용될 가능성이 크다. 앞에서 언급했듯이, 동일한 메시지를 이해관계자들은 다르게 이해하고 해석할 수 있다. 그렇기 때문에 가치 제안을 명시하고 그 가치를 제공하는 전달자(조직의 리더 또는 데이터 분석 수행자)와 분석 결과의 이해관계자가 똑같이 이해해야 한다. 조직의 모든 사람이 데이터 분석 프로젝트에 대한 기대치가 다르고 그 역할에 다른 생각을 가질 수 있다. 예를 들어, 데이터 분석 프로젝트를 통해 경영진은 비용의 절감 효과를 기대하고 있으나, 실무자는 매출 증대라는 가치에 대한 기대를 할 수 있다. 또한, 어떤 부서는 프로세스 비용 감소, 더 나은 고객 세분화 또는 효과적인 마케팅 효과 등을 기대할 수 있는 것이다. 이런 이유로 상호적으로 만족할 수 있는 적정 수준의 기대치 수립도 중요한 고려사항이 된다.

데이터 분석 프로젝트 수행 시 고려사항

- **의사소통**
- **유연성**
- **합의되고 명시된 기대치 수립**
- **가치의 제시**

1.5 체계적인 데이터 분석 프로젝트 관리의 중요성

타 프로젝트와 동일하게 데이터 분석 프로젝트 또한 체계적인 관리가 필요하다. 시간, 비용, 관리, 효율성 측면에서 계획 없이 즉흥적으로 진행된 프로젝트에 비해 사전에 철저하게 준비, 계획된 프로젝트는 그 과정뿐만 아니라 결과의 질과 성과의 측면에서도 두드러진 차이를 보인다. 데이터 분석 프로젝트에 있어서 체계적 관리가 필요한 이유에 대해서 자세히 알아보자.

1.5.1 비용 측면

데이터 분석을 수행하기 위해서는 여러 투자가 필요하다. 예를 들어, 필요에 따라 데이터를 유료로 구매해야 하는 경우[1]도 있고, 분석과 관련된 여러 도구(소프트웨어 등)를 구매하는 경우, 그리고 대규모 데이터 분석에서는 다양한 인력[2]이 필요하다. 또한, 데이터 확보에도 데이터의 종류, 기간, 용량에 따라 비용에 따른 투자가 발생하고, 대용량의 데이터를 보관하기 위해서는 저장 비용(디스크 구매 또는 클라우드 저장 공간 비용) 등이 필요하다. 철저한 사전 분석과 체계적 관리 없이 프로젝트가 진행될 때는 예상치 못한 추가적인 비용이 발생할 가능성이 크다. 데이터 분석으로 얻는 효익을 넘어서는 비용이 발생한다면 명백한 투자 실패이기에 데이터 분석 프로젝트의 의미 자체가 퇴색된다.

1.5.2 오류 최소화(신뢰도)

데이터는 예민하고 정직하다. 데이터 분석 과정에서 사소한 실수와 오류는 바로 부정확한 결괏값으로 이어지고, 이는 결국 프로젝트의 실패로 이어진다. 특히 계획 없이 약속된 절차를 따르지 않고 프로젝트 진행을 한다면 오류 발생 가능성이 높다. 오류 발생과 관련하여 가장 큰 문제는 사소한 오류가 데이터 분석 전체의 신뢰도를 떨어뜨릴 수 있다는 것이다. 99%가 정확하더라도 1%의 오류로 인해서 결괏값이 틀어지고 이를 바탕으로 의사결정이 이뤄진다면, 과거에 진행한 데이터 분석 프로젝트와 앞으로 진행할 업무 전체에 불신을 낳게 된다. 그러므로 데이터 분석에서는 특히 디테일에 신경을 써야 한다. 오류 검증 과정은 그래서 중요한데, 한 사람이 모든 오류를 찾아낸다는 것은 불가능하다. 자신이 한 실수는 자신의 눈에 잘 보이지 않기 때문이다. 가능하다면 반드시 동료 등에게 검토 또는 검증을 받는 과정을 거쳐 오류 확률을 최소화해야 한다.

---

[1] 마케팅 분석의 경우 고객 정보 분석에 있어 유료 구매가 필요할 때가 많다.
[2] 데이터 분석을 위한 프로젝트 관리자, IT 부서 담당자, 데이터 사이언티스트, 데이터 엔지니어 등

1.5.3 시간 측면

데이터 분석은 의외로 많은 시간이 요구된다. 기술적인 부분에 있어 컴퓨터의 연산 능력과 관련 장비가 발달하면서 데이터의 처리 속도가 과거에 비해 빨라졌지만, 그만 큼 우리가 다룰 수 있는 데이터의 양 또한 급격하게 증가했다. 개인의 1년 치 카드 사용 내역은 수백 줄, 많아야 수천 줄 정도이기 때문에 엑셀로 처리할 수 있지만, 수십만 명의 1년 치 카드 사용 내역은 엑셀로 다루기 힘든 엄청난 용량의 데이터다. 잘못된 로직으로 데이터를 분석하여 원하는 결과를 얻지 못하면, 데이터를 내려받아 분석하는 모든 과정을 처음부터 다시 수행해야 한다. 작게는 몇 시간, 길게는 며칠에 걸쳐 재작업을 해야 할 수 있다. 그뿐만 아니라 담당자와의 비효율적 의사소통, 데이터 누락 및 오류로 인한 데이터 검증, 필요시 데이터 재확보 과정은 추가적인 시간이 많이 필요해서 프로젝트 관리 측면에서는 큰 손실이다.

1.5.4 지식 관리

체계적으로 데이터 분석 프로젝트를 관리하면 지식과 경험 등을 축적할 수 있다. 모든 개별 데이터 분석 프로젝트는 목적, 속성, 환경 등에 따라 세부적으로 차이가 있기 때문에 똑같은 절차를 적용하기 어렵다. 하지만 넓은 의미에서 프로젝트 관리 방법, 인력 구성, 절차, 그리고 기술 활용 요령 등은 여러 시행착오를 거치면서 축적되고, 그 노하우는 활용 가능한 가치 있는 자원이 된다. 특히, 데이터 분석 프로젝트 전 과정에서 적용된 스크립트, 데이터 소스 등은 향후 유사한 프로젝트를 수행할 때 활용될 수 있다. 이는 프로젝트의 효율성을 높이고 더욱더 정확도 높은 결과물을 기대할 수 있다. 결국, 시간과 비용의 절약을 통해 향후 효과적인 프로젝트 수행이 가능한 기초 자료가 된다.

1.5.5 역량 증진

체계적 데이터 분석 관리 프로젝트는 개인뿐만 아니라 속한 조직 전체의 데이터 분석 역량을 강화할 수 있다. 체계적인 분석 절차를 수립하여 프로젝트를 수행하면 단계별로 산출물을 정리하여 보관할 수 있다. 이는 다음 프로젝트의 좋은 참고자료

(레퍼런스)가 된다. 이 자료를 조직 내의 구성원들에게 전파 및 공유하고 관련 자료와 노하우가 축적되면, 조직 내에 자체 교육 자료로 활용할 수 있어서 조직 전체의 데이터 분석 역량 강화에 도움이 된다.

부가적으로, 체계적인 관리를 통해 데이터 분석을 진행하였을 때 조직 내에서 자신의 브랜딩, 즉 이해관계자에게 전문가의 인상[3]을 줄 수 있어 개인의 커리어 개발에도 긍정적인 영향을 미칠 것이다.

비용 측면	오류 최소화	시간 측면	지식 관리	역량 증진
• 인력 • 소프트웨어 • 데이터 용량 • 데이터 보관	• 오류 검증 • 오류 최소화	• 대용량 데이터 • 올바른 분석 체계	• 노하우 • 분석 도구 • 체계적 절차	• 단계별 결과물 보관 • 노하우 축적 • 교육 자료 • 커리어 개발

그림 1.3 **체계적인 데이터 분석 프로젝트 관리의 중요성**

1.6 데이터 분석 프로젝트가 실무에서는 어떻게 이루어질까?

지금부터는 실무에서 데이터 분석 프로젝트들이 어떠한 방식으로 이루어지는 몇 가지 산업의 활용 사례를 바탕으로 살펴보자.

1.6.1 마케팅

마케팅 분야에서는 소비자 개개인의 데이터가 매우 중요하다. 예를 들면, 자동차 회사에서는 고객의 판매 정보나 만족도 등과 같은 정보를 해당 기업만 보유할 수 있는 내부 데이터로 축적한다. 이를 통해 기업만의 경험이 녹아 있는 마케팅 전략을 수립해 고객의 취향을 이해하거나, 충성 고객들을 지속해서 관리하고, 잠재 고객들을 파악하여

---

3   여러 유관 부서 또는 이해관계자와의 능숙한 커뮤니케이션, 반복된 질문 또는 요청 방지, 그리고 체계적으로 업무를 진행하면 줄 수 있는 긍정적 인상 등

유입시킨다. 공공 데이터와 같은 외부 자료를 기점으로 분석할 수도 있다. 예를 들면, 포털 사이트의 연관 검색어 및 검색량과 같은 자사 자동차 브랜드 관련 흔적 데이터들을 집결시킬 수 있다. 이를 통해 자동차 시장의 트렌드와 자사의 경쟁사 대비 상대적 순위를 식별할 수 있고, 이는 마케팅 전략에 고스란히 녹아들게 된다.

1.6.2 유통

유통업 분야에서도 데이터는 중요하게 활용된다. 예를 들면, 배송업체에서 데이터 분석을 어떻게 적용할 수 있을까? 배송 앱을 통해 수집된 수만 개의 주문 내역들, 주문 건수, 재고량 등의 데이터를 축적하여 가장 효율적인 배송 방법을 설계할 수 있다. 혁신적인 기업들은 고객 주문 데이터와 재고 현황을 30분 단위로 전 직원에게 업데이트하여 유동적으로 변하는 고객의 주문량에 대해 더욱 신속히 대응한다. 이러한 정보는 고객에게도 앱을 통해 공유된다. 고객은 물건을 주문한 시점부터 회사에서 물건을 준비하는 시간, 배송 기사들의 배송 경로, 예상 도착 시각 등을 살펴볼 수 있어 고객의 만족도를 증진시킨다. 예를 들어, 쿠팡의 경우 배송 준비 단계부터 고객에게 상품이 전달되는 모든 과정을 데이터로 수집하여 '로켓배송'이라는 혁신적인 비즈니스 전략을 만들었다. 이는 고객 만족도 최고 96점이라는 높은 성과를 만들었고, 쿠팡의 2020년 매출은 2014년 매출과 비교하여 약 40배 성장하였다.

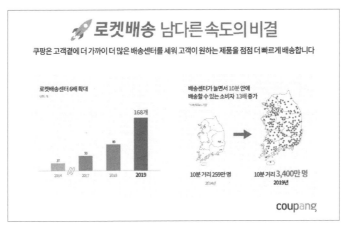

그림 1.4 **데이터를 기반으로 한 쿠팡의 로켓배송**
출처 *https://bit.ly/3o1YW0R*

1.6.3 공공

공공 분야에서도 정부와 각 행정 지자체별로 데이터는 활발하게 사용된다. 예를 들면, 서울시는 방대한 데이터를 바탕으로 심야버스, 일명 '올빼미버스' 노선을 지정한 바 있다. 심야 유동인구의 스마트카드 사용 내역을 기반으로 택시의 승하차 데이터를 얻고, 통화 이력 데이터를 활용하여 위치 정보를 취득하였다. 이러한 데이터를 통해 유동인구의 지역별 밀도를 구체적으로 분석이 가능하였고, 보다 과학적인 버스 노선도를 만들었다. 이렇게 공공 분야에서도 데이터를 활용해서 보다 효율적이고 정확한 행정 업무들을 진행하고 있는 추세다.

유동인구 밀집도 시각화　　　노선별 시뮬레이션으로 최적화　　　최종 노선도

그림 1.5 **데이터를 기반으로 심야버스 노선도, 배차 간격, 정류장 결정 과정**

출처 *https://bit.ly/3CGKcJI*

1.6.4 제조

제조업에서는 데이터를 활용해 제조의 공정을 개선하거나 문제점들을 보완해 생산성의 향상 및 품질 개선을 꾀할 수 있다. 예를 들면, 센서 데이터들을 이용해 공장 전체 혹은 라인별 진행 상황을 실시간으로 파악하면 문제점들을 초기에 발견할 수 있다. 실시간 데이터들은 차트화되어 공장의 곳곳에서 화면을 통해 전 직원에게 공유될 수 있으며, 이를 통해 고장이 가장 많은 설비 등을 쉽게 식별할 수 있다.

이렇게 데이터 분석 프로젝트는 산업의 분야를 막론하고 기업의 가치를 실현하고 고객의 만족을 증대하기 위해 필수 불가결한 요소로 자리 잡았다.

1.7　데이터 분석 프로젝트를 진행할 준비가 되었는가?

데이터 분석 프로젝트를 진행하기에 앞서 본인 또는 본인이 속한 조직의 환경을 파악해 데이터 분석 프로젝트를 진행할 준비가 되었는지 판단하는 과정이 필요하다. 객관적이고 정확한 현황 파악 없이 데이터 분석 프로젝트를 진행한다면, 일정이 지연되거나 사용 가능 자원의 부재로 인해 프로젝트를 끝까지 완수하지 못하거나 원하는 결과를 얻지 못할 수 있다. 이렇게 현재 내가 가진 자원과 환경이 데이터를 이용해 원하는 결과를 얻기에 적합한지 파악하기 위해서는 **인력**People, **프로세스**Process, **테크놀로지**Technology 측면에서 성숙도를 확인해야 한다. 자신이 처한 환경과 상황을 이해하기 위해서는 다음의 질문에 답을 해보고 현재 상황을 진단해 보자.

1.7.1　인력

데이터 또는 관련 프로젝트를 책임지는 인력이나 조직이 따로 구성되어 있는가?　방대한 데이터를 축적하고 이를 높이 활용하기 위해서는 이를 책임지는 조직이 따로 존재하면 도움이 될 것이다. 큰 조직에서는 데이터 최고 책임자Chief Data Officer, CDO와 같은 책임자 아래 전문 인력을 보유하고 있다. 하지만 아직 이러한 조직과 인력을 보유한 기업의 비율은 낮은 수준이다. 내가 속한 조직에 데이터 관련 프로젝트를 담당하는 인력이나 조직이 있는가? 없다면 그러한 프로젝트를 수행해야 하는 경우는 어떻게 해야 할까?

1.7.2　프로세스

조직 내에 데이터 분석 프로젝트를 진행하기 위한 프로세스가 마련되어 있는가?　데이터는 누구에게 요청해야 하는가? 관련 예산 및 지원은 어디에서 받을 수 있는가? 민감한 데이터는 누구의 승인을 받아 열람할 수 있는가? 이 질문들에 답변할 수 없다면 데이터 분석 프로젝트를 진행하는 데 있어 체계적인 프로세스가 정립되어 있지 않은 것이다.

1.7.3 테크놀로지

내가 속한 조직은 데이터를 체계적으로 통합 관리하는가? 고객, 매출, 인사, 재무, 회계와 관련 데이터를 통합된 데이터베이스로 이용하는가? 데이터베이스에 접근하여 실시간으로 업데이트된 자료를 활용할 수 있는가? 데이터 분석을 위한 분석 도구, 시각화 도구 등을 보유하고 활용하고 있는가? 이와 같은 질문에 대답을 하면서 데이터 분석을 위해 준비된 테크놀로지의 수준을 확인할 수 있다.

그림 1.6 **인력, 프로세스, 테크놀로지 측면의 성숙도**

위의 질문에 모두 자신 있게 '예'라고 대답할 수 있다면 데이터 분석 프로젝트를 시작하기에 가장 이상적인 환경을 갖추고 있다고 할 수 있다. 하지만 현실 세계에서는 일부 부족한 부분이 존재한다. 이러한 이상적 환경과 현실의 차이를 **데이터 관리 갭** Data Management Gap이라고 한다. 앞에서 언급한 인력, 프로세스, 테크놀로지 이외에 데이터와 관련하여 일반적으로 다음과 같은 데이터 관리 갭이 존재한다.

1.7.4 데이터를 현재 얼마만큼 축적하고 있는가?

데이터를 얼마나 체계적으로 잘 축적하고 있는가? 내가 속한 조직은 데이터를 수작업으로 기입하여 정리하거나 분산하여 보관하고 있지는 않은가? 일부 조직은 아직도 개인의 컴퓨터에 엑셀로 보관하는 경우도 많다. 이러한 경우는 데이터의 관리 측면에서 최신의 데이터를 효과적으로 통합하여 관리할 수 없다. 또한, 데이터를 측정할 수 있는 시스템을 여럿 가동한다고 해도 이러한 측정 자료가 곧바로 축적으로 이어지는 것은 아니다. 예를 들면, 모바일 데이터에서는 절반 미만의 데이터들만이 축적되는 경향을 보인다고 한다. 데이터의 확보량은 프로젝트를 실행에 옮기기에 있어서 중요한 시작점 역할을 한다.

1.7.5 축적한 데이터를 얼마나 잘 활용하고 있는가?

빅데이터 시대에 살고 있는 우리는 넘쳐나는 데이터 자원의 홍수 속에 살고 있다고 해도 과언이 아니다. 이 말은 역설적으로, 축적된 데이터 대비 실제 활용률은 점차 낮아질 수 있다는 것이다. 상당수의 조직이 데이터를 쌓기만 하고 활용하지 못하고 있다. 방대한 데이터를 효율적으로 분류하고 활용할 수 있는 관리 능력이 좋은 조직과 그렇지 못한 조직 사이에는 분명한 차이가 존재한다. 이러한 데이터 관리 능력의 차이(데이터 관리 갭)를 줄이는 것이 관건이다.

여기서 더 나아가 조금 더 체계적으로 회사의 데이터 관리 성숙도를 진단할 수가 있는데, 이러한 방법론을 **데이터 관리 성숙도 모델**Data Management Maturity Model이라고 한다. 이 모델은 총 6개의 항목을 바탕으로 조직의 역량, 강점과 격차를 이해하고, 데이터 자산을 활용하여 비즈니스 성과를 개선할 수 있도록 도와준다. 지금부터 각 항목마다 고려하는 요소들에 대하여 알아보자.

① **데이터 전략** 조직에서 데이터 관리 전략, 의사소통, 데이터 관리 기능, 펀딩 요소들이 어떻게 체계적으로 이루어지고 있는지에 대해 평가한다.

② **데이터 품질** 데이터의 품질 전략과 품질 평가, 데이터 정제, 데이터 오류 징후 발견 능력 등의 전반적인 데이터 품질 관리 역량을 평가한다.

③ **플랫폼 & 아키텍처** 데이터 플랫폼의 관리 상태와 데이터 간의 통합, 과거 데이터의 관리, 아키텍처 접근법과 기준 등에 대해서 분석한다.

④ **데이터 거버넌스** 데이터의 거버넌스(데이터 경영 관리 체계) 관리 능력, 사용되는 비즈니스 용어들 및 규칙 사양, 메타데이터(다른 데이터를 설명해 주는 데이터) 관리 등의 능력에 대해서 평가한다.

⑤ **데이터 운영**　필요로 하는 데이터에 대한 정의가 어떻게 되어 있고, 데이터 수명 주기 동안의 관리 방법, 데이터 공급자에 대한 관리 등의 운영 역량에 대해 분석한다.

⑥ **지원 프로세스**　데이터 측정과 분석, 프로세스 관리, 프로세스의 품질 보증, 위험 관리, 구성 관리 등에 대해서 평가한다.

1.8　마무리

이번 장에서는 데이터 분석 프로젝트에 대한 전반적인 기초 지식과 필요성에 대해 다루었다. 데이터 분석 프로젝트는 어렵고 거창한 것이 아니며, 누구나 참여할 수 있고 실행에 옮길 수 있다. 데이터를 기반으로 얻게 된 통찰력은 조직 혹은 개인의 성장을 위한 발판이 될 수 있고, 더욱 합리적인 의사 결정을 내릴 수 있으며, 객관적 자료에 근거한 결과는 이해관계자들과 의사소통을 할 때 설득과 협상의 훌륭한 도구가 될 수 있다.

이러한 데이터 분석 프로젝트의 효과를 최대로 끌어올리려면 체계적이고 합리적인 데이터 분석 프로젝트 관리가 필요할 것이다. 본문에서 언급하였듯이 비용, 오류, 시간, 지식, 역량 등 다양한 관점에서 프로젝트를 바라보고 관리하는 것이 필수적이다. 마지막으로, 데이터 분석 프로젝트를 진행하기 전에 현재의 자신 혹은 자신이 속한 조직이 얼마만큼 프로젝트를 수행할 여건이 되어 있는지 진단하는 것도 중요하다. 즉, 인력, 프로세스, 테크놀로지 세 가지 측면에서 자신이 속한 그룹의 데이터 관리 성숙도를 파악해 볼 수 있다. 이를 통해 데이터 관리가 초기 단계인지 혹은 최적화 단계인지를 파악하여 그에 걸맞은 데이터 프로젝트를 설계하고 수행하는 것이 효과적일 것이다. 다음 장에서는 데이터 분석 프로젝트를 위한 6단계 절차에 대해 거시적으로 살펴보기로 한다.

02

데이터 분석 프로젝트를 위한 6단계 절차

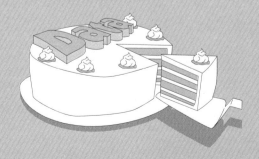

이번 장에서 본격적으로 데이터 분석 프로젝트 수행 절차에 대해서 알아보자. 많은 기업과 조직이 IT 기술을 적극적으로 활용하면서 자체 데이터를 축적하게 되었고, 활용 가능한 내/외부 데이터가 폭증하면서 이를 바탕으로 한 데이터 분석 프로젝트 요구가 급증하였다. 이로 인해 많은 이들이 사용자, 이해관계자 또는 분석 수행자의 자격으로 데이터 분석 프로젝트에 참여할 기회가 늘고 있다. 데이터 분석 프로젝트 절차에 들어가기 앞서 다음과 같이 우리 주변에서 일어날 수 있는 상황들을 가정해 보자.

영진은 회사의 새로운 팀에 합류했다. 몇 개월의 적응기를 거쳐 새로운 프로젝트에 참여하게 되었다. 프로젝트 초기 단계에 팀의 리더가 팀을 떠나게 되면서 갑작스럽게 프로젝트를 이끌어야 하는 상황이 발생했다. 관련 경험이 없는 영진은 앞으로 이 업무를 어떻게 진행해야 할지 걱정이 태산이다.

재진은 벤처기업의 사장이다. 회사를 설립한 지는 1년 정도 되었고 직원은 3명을 두고 있다. 지난 1년간 회사의 실적을 분석해서 앞으로 개선할 점과 구체적인 전략을 수립하고 싶어 한다. 데이터를 기반으로 신규 전략을 수행하고 싶은데 어디서부터 시작을 해야 할지 막막한 기분이다.

혜원은 이제 막 대학원에 진학한 석사 첫 학기를 보내는 학생이다. 교수님이 연구 과제와 관련해서 빅데이터를 분석해 오라는 숙제를 주었다. 혜원은 학부생 때 데이터 분석 관련 수업을 들은 적은 있지만, 어디서부터 이 과제를 체계적으로 시작해야 할지 아이디어가 좀처럼 떠오르지 않는다.

실제로 리더 또는 구성원으로서 회사 생활을 하는 과정, 그리고 학생으로서 연구 과제를 수행하다 보면 앞서 소개한 어렵고 막막한 상황과 부딪히게 마련이다. 최근 빅데이터와 디지털 트랜스포메이션Digital Transformation [4] 등의 유행으로 데이터 분석에 대한 경영자나 리더의 관심이 높아지고 있다. 하지만 조직 내에서 데이터 분석 능력과 관련 프

---

[4] 디지털 기술을 사회 전반 혹은 기업 경영 전반에 적용하여 전통적인 구조를 변화시키는 것을 말한다.

로젝트 경험을 가진 전문 인력을 찾거나 외부에서 우수 인재를 영입하여 활용하는 것이 현실적으로 어려운 경우가 많다. 그렇다면 최대한 내부에서 기존 인력을 육성, 활용해야 하는데, 그럴 경우에 업무를 담당한 직원은 무엇을 어떻게 시작해야 할지에 대한 고민에 봉착하기 마련이다. 이 장에서는 데이터 관련 프로젝트의 경험이 없는 사람들을 위해 실전에 적용 가능한 데이터 분석 프로젝트 절차에 대해 다뤄보겠다.

2.1 데이터 분석 프로젝트의 6단계 절차 — 집 짓기에 비유하기

데이터 분석 프로젝트를 성공적으로 수행하기 위해서는 ① 목표를 이해하고, ② 적절한 계획을 세운 다음, ③ 필요한 데이터를 수집 및 전처리하고, ④ 실제로 데이터 분석을 수행하고, ⑤ 그 결과를 검증한 다음, ⑥ 분석 결과를 시각화하여 발표하기에 이르기까지 주요 6단계를 거쳐야 한다. 데이터 분석 프로젝트를 수행한다는 것은 집을 짓는 과정과 매우 유사하다. 다음의 예시를 통해 데이터 분석 프로젝트와 집 짓기를 비교해 보자.

① **목표 이해하기** 집을 짓기 위해서는 우선 고객 사용자(건축주)의 요구사항을 이해하고 실행 가능한 청사진을 제시해야 한다. 다음으로, 전체적인 그림을 그리고 설계도를 통해 요구사항을 반영하도록 한다.

② **계획 세우기** 고객의 요구사항을 바탕으로 구체적인 건축 프로젝트 스케줄 및 실행 계획을 수립한다. 필요한 인적, 물적 자원을 파악하고 예상되는 변수 등을 고려하여 실현 가능한 계획을 수립한다.

③ **데이터 수집 및 전처리하기** 설계도와 계획에 따라 집 짓기를 진행하기 위해서는 시멘트, 강철, 벽돌 등과 같은 건축에 사용할 원재료를 구매한다. 구매한 원재료를 실제로 건축에 사용할 수 있도록 사전 준비(원재료의 크기를 확인하고 사용 크기에 맞게 미리 준비하는 등)를 한다.

④ **데이터 분석하기** 사전에 준비된 건축 자재를 이용하여 설계도면을 바탕으로 집을 짓는다. 목적에 맞는 집을 설계에 따라 효율적으로 짓기 위해 여러 공구와 건설장비 등을 사용한다.

⑤ **검증하기** 집을 짓고 난 다음에는 집이 안전하고 견고하게 지어졌는지, 그리고 처음 계획과 설계대로 지어졌는지 확인하는 단계가 필요하다.

⑥ **시각화 및 발표하기** 잘 지어진 집이라도 팔리지 않으면 그 가치를 인정받을 수 없다. 모델하우스 및 팸플릿 등을 활용해서 완성된 집을 고객들에게 보여주고 판매한다.

요구사항 이해   계획 세우기   사전 준비   건축   검사   판매

그림 2.1 **건축 과정 예시**

다시 한번 정리하자면, 데이터 분석 프로젝트 절차는 그림 2.2와 같이 6단계로 구분할 수 있다. 이 분석 절차는 **CRISP-DM**Cross Industry Standard Process for Data Mining[5]이라는 데이터 분석 표준 방법론을 바탕으로 누구나 활용 가능한 일반적인 절차로 변형한 버전이다. 지금부터는 각 단계에 대해 구체적으로 알아보자.

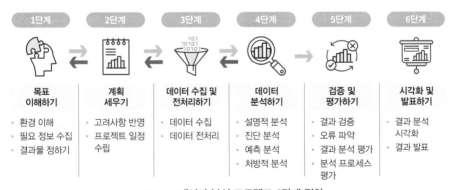

1단계	2단계	3단계	4단계	5단계	6단계
목표 이해하기	**계획 세우기**	**데이터 수집 및 전처리하기**	**데이터 분석하기**	**검증 및 평가하기**	**시각화 및 발표하기**
• 환경 이해 • 필요 정보 수집 • 결과물 정하기	• 고려사항 반영 • 프로젝트 일정 수립	• 데이터 수집 • 데이터 전처리	• 설명적 분석 • 진단 분석 • 예측 분석 • 처방적 분석	• 결과 검증 • 오류 파악 • 결과 분석 평가 • 분석 프로세스 평가	• 결과 분석 시각화 • 결과 발표

그림 2.2 **데이터 분석 프로젝트 6단계 절차**

---

5 CRISP-DM은 전문가들 사이에서 가장 널리 사용되는 개방형 표준 데이터 분석 프로세스 모델이다. 2015년에 IBM은 CRISP-DM을 바탕으로 ASUM-DM이라고도 하는 새로운 방법론을 출시하기도 하였다.

데이터 분석 프로젝트 전체 과정에서 1단계인 목표를 이해하는 과정은 전체 프로젝트의 튼튼한 토대를 세우는 가장 중요한 작업이다. 현 상황의 문제와 달성하고자 하는 목표를 제대로 이해하지 못하면 프로젝트는 나중에 아무리 뛰어난 분석 방법이 동원되더라도 이해관계자들을 만족시킬 수 없다. 그러므로 데이터 분석 프로젝트를 본격적으로 시작하기 전에 조직이나 팀이 처한 앞뒤 전후의 상황, 프로젝트의 맥락, 달성하고자 하는 목표, 프로젝트에 참여하는 이해관계자 등을 정확하게 파악하고 전반적인 흐름에 대해서 깊이 고민해야 한다.

예를 들면, 비즈니스 관점에서 회사의 서비스에 대해서 고객의 불만이 높아지는 상황이라고 가정하자. 경영진은 데이터 분석 프로젝트를 통해서 얻고자 하는 것이 무엇인가? 경영진은 데이터 분석을 통해서 고객 불만의 원인을 파악하고 그 해결책을 얻고 싶을 것이다. 제조사의 경우 출시한 제품의 품질 이슈를 데이터 분석을 통해 확인할 수도 있고, 서비스 업체의 경우는 콜센터에서 고객의 대기 시간이 길어지는 추이를 바탕으로 현 비즈니스가 직면한 문제를 해결하고자 할 것이다. 이렇게 프로젝트와 관련하여 주변 환경과 상황, 그리고 이해관계자 및 달성하고자 하는 목표를 정확하게 이해하는 것이 프로젝트의 첫 단계다.

목표를 이해하기 위해 고려할 사항을 단계별로 알아보자.

❶ 환경 이해하기

데이터 분석 프로젝트를 수행하는 시점과 주변 환경을 정확하게 이해하는 것은 프로젝트의 성공에 중요한 요소다. 프로젝트 참여 인원과 이해관계자에게 동기를 부여하기 위해서는 조직의 요구사항, 현 상황의 한계, 제약, 가용 자원 등에 대한 명확한 이해가 필요하다. 예를 들면, 연구소에서 과제를 수행하는 경우라면 현재 연구 관련 예산이 어느 정도인지, 가용할 수 있는 소프트웨어 라이선스의 수, 과제의 타임라인 등은 프로젝트를 수행하기 전에 반드시 고려해야 할 사항들이라 할 수 있다.

프로젝트 환경을 이해하는 방법의 하나는 프로젝트 관련 이해관계자를 명확히 파악하는 것이다. 이해관계자를 명확하게 파악하기 위해 가장 좋은 방법은 '관계도'를 그려보는 것이다. 이해관계자 관계도를 그리기 위해서는 프로젝트에 참여하거나 영향을 받을 만한 모든 이해 당사자를 나열하고 그 관계를 연결하는 것이다. 이러한 과정을 통해 누구와 어떤 이해관계들이 연결되는지 정리할 수 있다. 다음의 그림과 같은 관계도를 그리면 서로 간의 관계를 더욱 명확히 이해할 수 있다.

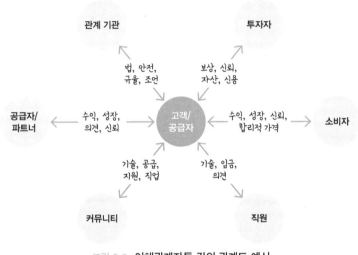

그림 2.3 **이해관계자들 간의 관계도 예시**

❷ 필요한 정보 수집하기

데이터 분석 프로젝트 수행을 위한 필요 정보는 육하원칙에 의거하여 수집하는 것이 제일 좋다. '누가, 언제, 어디서, 무엇을, 어떻게, 왜' 관점에서 필요한 정보를 수집한다. '누가, 언제, 어디서, 무엇을, 어떻게, 왜'와 관련한 질문에 대한 답을 모두 얻을 수 있다면 프로젝트를 시작할 준비가 되었다고 보면 된다. 가능하면 프로젝트를 착수하는 시점에서 궁금한 모든 점을 해소하고 시작하는 것이 좋다. 그 이유는 프로젝트 초기를 지나고 나면 질문을 통해 정보를 얻기가 더욱 어려워지기 때문이다. 반드시 프로젝트 초기에 관련 담당자 또는 이해관계자에게 의문점 등을 해소하고 프로젝트에 착수하자.

필요한 정보 수집하기 단계에서 중요한 부분은 바로 **기대치**Expectation에 대한 설정이다. 프로젝트 초기에 프로젝트를 의뢰하는 경영진 또는 이해관계자에게 원하는 바를, 즉 기대치를 정확하게 설정하는 것이 중요하다. 이 부분을 명확하게 하지 않으면 프로젝트 과정에서 서로 다른 관점과 생각을 가지기 쉽고, 이 때문에 시간과 에너지를 소모하고도 이해관계자를 만족시킬 수 없는 경우가 많다. 그렇기 때문에 **할 수 있는 부분**과 **할 수 없는 부분**에 대해서, 그리고 주요 일정과 단계별로 원하는 결과물 등을 정확하게 논의하여 문서화하는 것이 좋다.

💡 질문하기

데이터 분석 프로젝트를 착수하면 많은 이해관계자와 연결된다. 초기에 중요한 점은 프로젝트 결과물에 대한 이해관계자의 기대치와 요구사항을 정확히 이해하는 것이다. 실제 프로젝트를 진행하다 보면 자신이 무엇을 필요로 하는지 정확하게 타인에게 전달하지 못한다. 다시 말해, 의뢰하는 측(혹은 프로젝트 결과물을 사용하는 측)이 자신이 원하는 바를 명확하게 설명하지 못하는 경우가 많다. 예를 들어, '이것도 하면 좋겠고, 이런 결과도 볼 수 있으면 좋겠다'라는 식의 모호한 요구사항을 말하곤 한다.

초기에 논의를 명확하게 하지 않으면 프로젝트의 이해관계자와 프로젝트 수행자 사이에서 오해가 발생할 수 있다. 이러한 불상사를 방지하기 위한 방법의 하나는 '**질문하기**'다. 좋은 질문을 통해 이해관계자와 프로젝트 수행자는 서로를 더욱 잘 이해하고 상호 만족스러운 기대치를 수립할 수 있다. 다음의 그림은 몇 가지 샘플 질문들이다.

해결하려고 하는 문제는 무엇인가요?

가장 우선 순위는 무엇인가요?

왜 이러한 분석 방법이 필요한가요?

결과를 언제까지 도출할 예정인가요?

결과를 최종적으로 이해할 사람은 누구인가요?

질문에 대해 연락 가능한 사람은 누구인가요?

결과를 어느 정도의 세부 수준으로 구상하나요?

결과를 어떠한 방식으로 시각화할 계획인가요?

그림 2.4 **샘플 질문들 예시**

❸ 결과물 정하기

목표 및 작업의 범위와 더불어 작업의 초기에 프로젝트의 구체적인 결과물이 무엇인지를 정해야 한다. 프로젝트의 목표와 작업의 범위에 따라 그 결과물이 결정될 것이다. 다음과 같은 결과물이 프로젝트 수행 결과로 제시될 수 있다.

- 결과 리포트 또는 프레젠테이션
- 분석 결과를 시각화한 차트 또는 대시보드
- 분석과 관련된 로직 및 설계도
- 분석에 사용된 소프트웨어 또는 분석 도구의 코드 또는 스크립트

결과 리포트 또는 프레젠테이션

결과 리포트(보고서) 또는 프레젠테이션(결과 발표)이 프로젝트의 결과물이자 최종 산출물이라면 결과물을 받을 사용자에 따라서 그 결과물도 달라져야 한다.

- **경영진의 의사결정을 지원하기 위한 경우**   이 경우는 경영자의 관점과 수준에서 필요한 필수적이고 간결한 정보를 포함하여야 한다. 중요한 의사결정 과정을 지원하는 몇 가지 주요 메시지가 포함되어야 하고, 명료하고 쉬운 차트와 대시보드 등을 활용하여 작성한다. 필요시에 문제 해결을 위한 권고 또는 제안까지 포함하고, 개별 안의 장단점을 제시하여 의사결정을 돕는다.
- **비즈니스 프로세스 개선 담당자(실무자)를 지원하기 위한 경우**   담당자가 세부 정보를 원하고 자세한 내용을 포함하는 기술적인 차트와 그래프에 익숙하다면 충분한 정보를 포함하여 세부적인 내용까지 확인할 수 있도록 결과물을 작성한다. 담당자가 상세 내용을 확인할 수 있도록 보고서 및 프레젠테이션 마지막 부분에 부록으로 상세 정보를 첨부한다.

2.3   2단계: 계획 세우기

이제부터는 앞서 파악한 내용을 바탕으로 프로젝트의 계획을 수립해 보자. 완벽한 계획을 수립하는 것은 불가능하지만, 최선의 계획을 수립하는 것은 가능하다. 프로젝트를 시작하기 전에 과거 경험이나 관련된 여러 요소를 반영하여 최선의 계획을

세우는 것을 목표로 하자. 명확하고 견고한 계획을 세우기 위해 고려할 사항과 프로젝트 일정 수립 방법에 대하여 알아보자.

❶ 분석 계획 시의 고려사항

다음의 그림 2.5는 데이터 프로젝트 분석 계획을 수립할 때 고려해야 할 주요 사항을 제시하고 있다. 각각에 대해 상세히 알아보자.

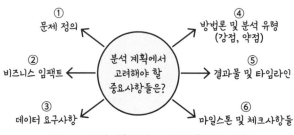

그림 2.5 **분석 계획에서 고려해야 할 주요 사항**

① **문제 정의** 1단계에서 이해한 프로젝트의 목표를 바탕으로 분석의 대상이 되는 문제들에 대해 구체적으로 기술한다.

② **비즈니스 임팩트** 앞으로 수행할 분석의 결과가 관련된 비즈니스에 어떠한 영향을 미칠지 고민해 본다. 많은 시간과 공을 들인 분석 결과가 해당 비즈니스에 줄 수 있는 영향이 미약하다면 초기에 계획을 수정해 볼 필요가 있을 것이다.

③ **데이터 요구사항** 분석 프로젝트를 수행하면서 사용될 데이터의 용량, 분석 도구 및 소프트웨어, 분석에 사용될 장비의 사양, 클라우드를 활용할 경우 그에 대한 접근성, 데이터 접근성 등 사용 가능한 범위를 정확히 파악하는 과정이 필요하다.

④ **방법론 및 분석 유형(강점, 약점)** 특정 데이터 분석 방법론과 분석의 유형이 있는 경우 이에 대한 강점과 약점을 사전에 이해하는 것이 나중에 분석 결과에 대한 기대치를 맞출 수 있다.

⑤ **결과물 및 타임라인** 분석을 수행하는 기간에 주기적으로 어느 정도의 진행 결과물과 최종 결과물이 도출되어야 하는지에 대해 지정해 놓으면, 프로젝트의 진행 상황을 관리하고 기한까지 일을 완수하여 효율적으로 작업할 수 있다.

⑥ **마일스톤 및 체크 사항** 최종 프레젠테이션을 프로젝트 마지막에 한 번만 수행하는 것보다 프로젝트 중간에 몇 가지 체크인 지점을 설정하여 이해관계자의 참여를 통해 피드백을 받아 적시에 조정할 수 있다. 이를 통해 시행착오를 미연에 방지할 수 있을 것이다.

② 프로젝트 일정 수립

프로젝트의 전체적인 과정을 수행할 인력, 필요한 자원, 예상되는 시간 등을 고려하여 상세 일정을 수립한다. 체계적인 프로젝트 관리를 위해서 작업 분할 구조도Work Breakdown Structure, WBS를 활용해도 좋고, 프로젝트의 규모에 따라 간단한 스케줄 표를 만들어 사용해도 좋다. 그림 2.6은 간단한 작업 분할 구조도의 사용 예시다.

샘플 타임라인 & 로드맵

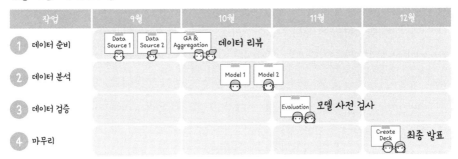

그림 2.6 **작업 분할 구조도 예시**

🌱 **쉬운 언어 사용하기**

데이터 분석 프로젝트는 얼핏 보기에 기술적인 부분이 많이 차지하여 기술적인 배경을 가진 인력이 대부분일 것 같지만, 실제로 프로젝트에 참여하는 상당수의 사람은 기술적인 배경이 없는 경우가 많다. 그렇기에 가능하면 모든 프로젝트 관리 도구, 일정표, 의사소통, 계획 수립 과정에서 누구나 이해하기 쉬운 언어를 사용하는 것이 좋다. 예를 들면, 통계적인 지식이 있는 사람은 정규 분포, 모수 검정 등의 용어를 사용할 수 있지만, 통계적 지식이 없는 이해관계자는 이를 어렵게 받아들일 수 있다. 이러한 부분을 고려하여 전문적인 용어보다 분야에 상관없이 누구나 이해할 수 있게 용어를 풀어서 쓰는 게 좋다.

목표를 파악하고 계획을 세웠으면 데이터 분석 프로젝트의 세 번째 단계인 데이터 수집 및 전처리를 시작할 단계다. 가능한 한 다양한 데이터 소스에서 데이터를 수집할 수 있다면 이상적이면서 정확도 높고 가치 있는 결과물을 만드는 데 도움이 된다. 그렇기 때문에 성공적인 데이터 분석 프로젝트를 위해 가능한 한 다양하고 많은 데이터를 확보하는 것이 좋다. '어디에서 데이터 수집을 할 수 있을까'와 관련해서는 다음 장(3장)에서 자세히 살펴볼 것이다.

2.4.1 데이터 수집하기

데이터 수집 단계에서는 프로젝트 목표를 달성하는 데 필요한 데이터 세트_{Data Set}의 식별, 수집에 집중하여야 한다. 가장 가까운 주변에서 활용 가능한 데이터가 있는지 확인하면서 데이터 수집 단계는 시작된다. 가깝게는 나의 컴퓨터, 그리고 회사나 팀에서 사용하는 공용 폴더, 또는 클라우드 공간 등에서 활용할 수 있는 데이터가 있는지 확인하고 수집한다. 때로는 남이 가지고 있는 대용량의 데이터나 전문기관에서 제공하는 데이터보다 오히려 내가 가지고 있거나 조직 내에서 생산, 가공한 데이터가 더욱 가치 있기도 하다. 그렇기 때문에 우선 내 주변에서 사용 가능한 데이터를 확인한 후에 공공 데이터 또는 구매하여 사용하는 유료 데이터를 활용한다.

> **데이터 수집 방향**
>
> 1. 본인의 PC
> 2. 팀 또는 회사의 공용 폴더 또는 클라우드
> 3. 조직 내의 데이터베이스(재무, 회계, 인사, 매출 등)
> 4. 외부 공공기관의 데이터베이스 또는 온라인에서 데이터 수집

위의 순서로 초기 분석에 사용할 데이터 소스를 확인하여 필요한 데이터를 수집한 이후에 수집된 데이터가 적절한지 간단한 검사를 실시해야 한다.

데이터 확인

필요한 데이터가 맞는지? 데이터 형식(텍스트 파일, 엑셀, CSV 등)이 분석에 적합한지? 데이터의 용량, 레코드, 필드 수가 원하는 만큼 충분한지?

데이터 탐색

데이터 내용이 적절한지? 여러 데이터를 수집하였다면 데이터 간에는 어떤 관계가 있는지? 분석에 어떤 식으로 활용해야 할지?

데이터 품질

데이터 세트 안에 포함된 데이터가 깨져 있거나 오염되어 있는 경우는 없는지? 전체적으로 또는 샘플을 확인하였을 때 데이터의 품질에 문제가 있는지 않는지?

그림 2.7 **데이터 검사 절차**

2.4.2 데이터 전처리하기

'데이터 전처리'란, 데이터를 특정 분석 목적에 맞게 분석 가능한 상태로 만드는 것을 말한다. 일반적으로 가장 많은 노력과 시간이 필요한 단계다. 그 이유는 수집한 데이터의 대부분이 곧바로 분석에 사용하기에 적합하지 않기 때문이다. 그러므로 전처리 과정 없이 수집한 데이터를 곧바로 분석에 적용하는 경우는 거의 없다. 데이터 전처리 단계는 요리를 만들 때 식자재를 다듬는 과정이라고 생각하면 된다. 시장에서 구입한 식자재를 곧바로 요리에 사용하는 경우도 거의 없을 것이다. 재료를 다듬는 과정(전처리)이 필요한 경우가 대부분이다. 일반적으로 데이터가 생성되고 축적될 때 분석을 전제로 데이터를 생성하지 않는다. 예를 들어, 매출 데이터는 매출과 관련한 모든 데이터가 쌓이는 식이다. 매출 데이터만을 이용해서 목적에 맞는 데이터 분석을 할 수 없다. 특히 분석해야 하는 데이터의 용량이 크고 다양한 소스로부터 데이터를 수집한 경우라면 이러한 전처리 과정은 필수다.

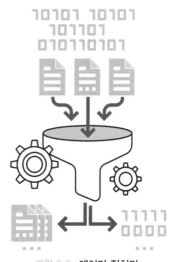

그림 2.8 **데이터 전처리**

데이터 전처리의 종류는 다음과 같이 두 가지가 있다.

- **구조에 대한 전처리**
- **내용에 대한 전처리**

구조에 대한 전처리는 데이터 추출, 결합, 집약에 대한 내용을 주로 다룬다. 예를 들어, 매출 데이터와 상품 데이터를 확보하였다면 이 두 데이터 세트 구조와 데이터들을 어떻게 결합할지 등에 관한 부분이다. 두 데이터를 결합하여 매출 정보와 상품 정보를 모두 포함한 데이터를 생성한 후 작업을 실시한다면, 이는 데이터 결합을 통한 전처리 과정이다.

내용에 대한 전처리는, 예를 들어 일별 데이터를 월별 또는 연간 데이터로 변환하거나, 확보한 기존 데이터 중 숫자 데이터 간에 계산(**예** 매출과 비용 데이터를 이용하여 수익 데이터를 새롭게 계산)을 통해서 새로운 데이터의 열을 조합하여 만드는 작업이 이에 해당한다.

전처리 과정에서는 데이터 전처리, 누락된 데이터 처리 등이 필요한데, 이 내용과 관련해서는 4장에서 조금 더 자세히 알아볼 것이다.

💡 데이터 사전 준비

본격적인 분석에 앞서 데이터 사전 준비 단계는 일반적으로 데이터 프로젝트에 드는 시간의 최대 80%가 소요되는 단계다. 그렇기 때문에 체계적이고 면밀한 검토를 통해 사전 준비를 수행해야 시행착오를 최소화하고 정확한 데이터를 준비할 수 있다.

우선, 데이터를 수집하면 수집한 데이터 간의 관계를 이해하자. 관계를 이해하면서 현재 가지고 있는 것이 무엇인지, 그리고 원래 목표를 달성하기 위해 추가로 필요한 것이 무엇인지를 파악할 수 있다.

다음 단계(그리고 가장 두려운 단계)는 데이터를 정리하는 것이다. 예를 들어, 수집된 데이터가 수만 건이 모여 있는 데이터 세트라고 생각해 보자. 중간중간에 데이터가 누락되어 있거나 잘못된 데이터가 있는 경우가 많다. 데이터가 동질적이고 깨끗한지 확인하기 위해 모든 열을 살펴봐야 하는데, 이 과정에는 상당히 많은 시간과 에너지가 필요하다. 이것은 아마도 데이터 분석 프로젝트에서 가장 길고 성가신 단계일 수도 있다.

마지막으로, 데이터 준비에서 간과해서는 안 되는 중요한 요소 중 하나는 수집 과정에서 데이터 개인 정보 보호 규정을 준수하는지 확인하는 것이다. 많은 데이터 분석 프로젝트에서 활용되는 소스 데이터들이 개인으로부터 수집된 민감한 정보일 가능성이 크다. 그러므로 개인 정보 보호는 사용자, 조직 및 관련 기관 모두에게 높은 우선순위로 다뤄져야 한다. 개인 정보 보호 규정을 준수하면서 프로젝트를 실행하려면 모든 데이터 작업, 소스, 데이터 세트를 중앙 집중화하여 관리하는 것이 필요하다. 그런 후에 개인 및 (또는) 민감한 데이터가 포함되었는지 확인, 관리, 처리해야 한다.

4단계: 데이터 분석하기

일반적으로 데이터 분석의 유형은 그 목적에 따라 네 가지로 구분된다. 유형에 따라 그 난이도와 결과의 가치를 결정한다. 그 결과물이 주는 혜택이 좋다고 해서 특정 유형의 가치가 높아지는 것은 아니다. 그 이유는 바로 유형에 따라 분석의 난이도와 비용, 소요 시간 등이 높아지기 때문이다. 앞에서 이해하였던 분석의 환경, 보유한 인력, 기술, 그리고 사용 가능한 데이터 여부에 따라서 분석하고자 하는 유형을 선택해야 한다. 유형 선택에 있어 가장 중요한 것은 바로 '왜' 분석 프로젝트를 하느냐. 목적에 따라 적합한 유형을 선택하는 것이 중요하다. 그러면 데이터 분석 유형에 대해서 알아보자.

2.5.1 데이터 분석 유형

분석에는 네 가지 유형이 있다. 여기서는 가장 단순한 유형부터 시작하여 더 정교한 유형으로 이동한다. 분석이 복잡할수록 더 많은 가치를 제공한다.

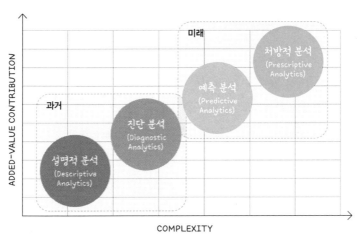

그림 2.9 **데이터 분석 유형**

❶ 설명적 분석

설명적 분석Descriptive Analytics은 지금 무슨 일이 일어났는지에 대한 질문에 답을 알려주는 분석 유형이다. 데이터 분석 유형 중에서 가장 일반적이면서 난이도와 비용 등이 가장 낮다. 설명적 분석을 통해 데이터 분석 결과의 사용자는 주요 지표의 변화와 사용자가 보고자 하는 지표를 다양한 형태의 보기(뷰)로 정리하여 정보를 제공한다.

그림 2.10 **설명적 분석 대시보드 예시**

예를 들어, 회사 내에 월별 손익 계산서가 설명적 분석의 좋은 예다. 그리고 고객의 보유한 데이터를 활용하여 고객의 인구통계학적 정보를 이해하는 것(❹ 고객의 거주 지역, 소비 형태 등)은 설명적 분석으로 분류된다. 시각적 도구를 이용하여 분석 결과를 전달하면 분석 메시지를 명확하게 드러낼 수 있다. 또한, 제품 그룹별 월별 매출과 수입, 월별 총비용 등을 분석하여 지난달에 '무슨 일이 일어났는지'에 답하고 앞으로 주력해서 판매할 제품을 결정할 수 있다. 설명적 분석은 여러 데이터 소스를 탐색하여 과거에 일어난 일을 바탕으로 귀중한 통찰력을 제공한다.

그림 2.11 **설명적 분석(Descriptive Analytics)**

② 진단 분석

진단 분석Diagnostic Analytics은 데이터를 분석하여 '왜 이러한 일이 발생했는가?'라는 질문에 답하는 분석의 유형이다. 앞에서 설명하였던 설명적 분석은 이미 발생한 사실을 이해하고 무슨 일이 일어났는지를 파악하는 분석의 초기 단계라고 한다면, 진단 분석은 특정 결과 뒤의 숨어 있는 이유를 밝히기 위해 한 단계 더 나아간 분석 유형이다. 예를 들어, 특정 제품이 특정 지역에서 잘 팔렸다면 그 이유는 무엇인지? 그리고 제품별 또는 월별 판매 매출의 차이가 발생한 이유가 무엇인지? 특정 지역에서 다수의 사고가 발생하였다면 그 이유는 무엇인지? 등 설명적 분석을 통해 이해한 사실을 넘어서 그 현상이 발생한 이유를 알아내는 분석 유형이다. 파악된 정보의 상관관계를 식별하고 인과관계를 결정하는 과정이 필요하다. 그렇기 때문에 설명적 분석보다 분석이 복잡하고 난이도가 높다.

예를 들어, 소매 업체의 매출 및 총이익을 하나의 화면에 표기하고 월별, 분기별, 그리고 제품 그룹별로 데이터의 차이를 분석하는 대시보드가 있다면 비교 분석을 통해 목표한 순이익을 달성하지 못한 이유를 알아낼 수 있을 것이다. 필터 및 상세 확인 Drill-Down 기능을 갖춘, 잘 설계된 대시 보드를 통해 여러 데이터와 비교하고 분석하면 왜 이러한 일이 발생했는지에 대한 질문에 답할 수 있다. 진단 분석은 특정 문제에 대한 심층적인 통찰력을 제공한다.

그림 2.12 **진단 분석(Diagnostic Analytics)**

진단 분석 케이스 스터디

여러분이 유기농 재료로 만든 친환경 가정용품을 판매하는 소매 프랜차이즈의 분석
팀장이라고 가정해 보자. 매월 경영진과 성과 보고회의를 가지는데, 분석팀장으로 중
요한 지표인 월별 매출 성장을 계산하였다. 여러 자료를 검토하고 분석한 결과, 지난
달 대비 매출의 증가가 800%임을 확인하였다. 전에 없던 급성장에 모두 놀랐으나, 분
석팀장은 놀라움을 넘어 왜 그러한 급격한 변화가 있었는지 알아봐야 한다.

진단 분석은 일반적으로 이상 감지Anomaly Detection, 상세 확인Drill-Down 및 상관 분석
Correlation Analysis의 세 가지 기능을 사용한다.

분석의 첫 번째 단계는 이상치, 즉 특이하게 평소 대비 벗어난 값을 찾는 것이다. 통
계 방법을 사용할 수 있지만, 이번 경우에는 막대 차트를 사용하여 지난 2개월 동안
의 일일 판매량을 그래프로 표시하여 흐름을 살펴본 후 이상치를 찾아도 된다. 매출
이 엄청나게 높았던 특정 기간이 있는지를 확인하는 식으로 진행하면 된다.

두 번째는 제품별로 판매 매출을 분류해 본다. 하나의 제품 범주에서만 매출이 급격
히 증가했을 수 있다. 예를 들어, 에코백(재사용 가능한 천으로 만들어진 가방) 등 특정 제
품 카테고리에서 지난 2주 동안 매출이 급격히 증가하여 전체적인 월별 매출 증가를
주도했을 수도 있다. 이제 특정 제품 카테고리의 매출이 급격한 증가를 확인하였으니
매출 증대의 원인을 에코백 카테고리로 제한하고 상세 확인을 하면 된다. 상세 확인을

제품, 마케팅 측면에서 실시해 보자.

- **제품에서 변화** 최근에 에코백 판매에 영향을 미칠 수 있는 정부 규제 또는 유행 등이 있었는가? 만약 정부가 마트에서 비닐봉지 사용을 금지했다면, 급격한 에코백 판매 증가가 설명된다.
- **마케팅에서의 변화** 최근에 에코백에 대한 소셜 미디어 캠페인을 시작하였다. 이로 인해 에코백에 대한 인식 전환 및 유행 덕에 판매가 급증한 것이 설명된다.

세 번째로 상관분석을 실시해 본다. 에코백의 판매량과 전체 매출 증대의 상관관계를 찾아보는 것이다. 에코백의 판매율이 급증하였더라도 매출 금액 자체가 적다면 전체 매출에 대한 영향은 적다고 봐야 한다. 대부분의 경우, 판매에 영향을 미치는 원인은 다양하고 그 결과 또한 여러 요인의 조합이므로 다양한 가능성을 고려하는 것이 중요하다.

❸ 예측 분석

예측 분석Predictive Analytics은 앞으로 일어날 일에 대해 예측을 시도하는 분석 유형이다. 미래에 사건이 발생할 가능성 및 수치 등을 예측하거나, 과거 데이터를 포함한 다양한 형태의 데이터를 기초로 설계된 예측 분석 모델을 이용해 미래의 발생 시점을 예측해 보는 분석 형태다.

예측 모델은 일반적으로 다양한 변수 데이터를 사용하여 예측한다. 간단한 예로는 나이와 심장마비 발생 데이터를 통해 나이가 많을수록 심장 마비에 더 취약하다는 것을 예측한다든지, 또는 나이는 심장 마비 위험과 어떤 상관관계가 있는지 등을 분석한다. 불확실성이 큰 세상에서 여러 데이터를 활용하여 어느 정도의 확률로 미래를 예측할 수 있다면 더 나은 결정을 내릴 수 있고 실패할 확률을 최소화할 수 있을 것이다. 이것이 예측 분석 유형이 여러 분야에서 활용되는 가장 중요한 이유다.

예측 분석은 일어날 수도 있는 일을 알려준다. 설명 및 진단 분석의 결과는 과거의 현상을 이해하고 원인을 파악하는 것이라면, 예측 분석은 이를 바탕으로 향후 추세를 예측하는 유용한 도구가 된다.

현재 시점에 집중하는 설명적 분석, 진단 분석과 달리 예측 분석은 미래 시점의 예측을 시도한다. 그렇기에 정교한 분석과 예측을 위해 인공지능, 머신러닝, 딥러닝 등 고급 분석 기능을 활용하는 경우가 많다.

그림 2.13 **예측 분석(Predictive Analytics)**

예측 분석 케이스 스터디

최근 보이스피싱 등 금융관련 사고가 많이 일어나고 있다. 관련 피해가 늘어남에 따라 은행을 포함한 많은 금융기관에서 보이스피싱 등으로 인한 의심거래를 적극적으로 모니터링하고 피해를 사전에 방지하기 위한 노력을 하고 있다. 대부분의 금융 거래는 전산화되어 있어 데이터 분석을 활용한 이상징후 모니터링을 적용하기 용이한데, 금융당국 또한 FDS 구축을 의무적으로 권고하고 있다. FDS는 Fraud Detection System의 약자이며, 부정 및 이상거래를 탐지하는 시스템이다. 금융 거래 정보를 수집하고 패턴을 분석한 다음, 이상 거래를 찾아내서 차단하는 방식으로 운영된다.

예를 들어, 특정 고객의 신용카드가 오전 9시에 서울에서 결제가 이뤄지고 오후 1시에 뉴욕에서 결제가 또 일어난다면 이는 비정상적인 결제로 판단하고 거래를 잠시 중단시키는 식이다(특정 카드 고객이 4시간 만에 물리적으로 이동하여 결제하는 것이 불가능하기 때문이다).

과거에는 이러한 시스템을 이용해서 이미 일어난 거래에 대한 분석을 통해 이상 거래를 찾아내는 방식Detective이었다면, 이제는 과거 거래 내역과 여러 외부 데이터를 바탕으로 인공지능, 머신러닝, 그리고 딥러닝 기술을 적용하여 부정사례 또는 이상거래를 미리 예측하는Predictive 방식으로 진화하고 있다.

❹ 처방적 분석

처방적 분석Prescriptive Analytics은 단순한 현상 분석, 그 현상의 원인, 그리고 미래의 예측을 넘어 우리가 무엇을 할지에 대한 행동 및 행위를 제안하는 분석 단계다. 예측적 분석 단계에서 과거 데이터를 통해 발견된 패턴을 기반으로 미래에 일어날 일을 사전에 예측하였는데, 처방적 분석에서는 이렇게 예측된 상황에서 우리가 해야 할 행동과 행위는 무엇인지에 대한 대안을 제시하는 단계다. 여러 대안을 제시하여 의사결정자의 결정을 돕는 것은 물론, 실제로 일정 부분 실행까지 진행하는 가장 고차원적인 분석 방법이 처방적 분석이다. 예를 들어, 내비게이션을 이용하여 최적 경로를 검색할 때 각 경로의 거리, 각 경로에서의 제한 속도, 그리고 여러 교통 제약과 혼잡도 등을 고려하여 경로를 제시하고 운전자의 선택을 도울 수 있다.

그림 2.14 **처방적 분석(Prescriptive Analytics)**

🏆 그렇다면 어떤 유형의 데이터 분석이 필요할까?

지금까지 네 가지 분석 유형에 대해서 알아보았다. 이제 실제 분석을 실행하기 위해서는 분석 프로젝트의 목적과 환경에 적합한 데이터 분석 유형을 선택해야 한다. 이를 위해서는 다음과 같은 관점에서 현재 보유한 자원과 프로젝트의 목적 등을 고려하여 수행할 데이터 분석 유형을 선택하도록 한다.

☑ **자원(Resource)**: 예산, 인력 등 사용 가능한 자원이 충분한가?

☑ **기술(Technology)**: 선택하고자 하는 분석 유형을 수행할 필요한 인프라, 소프트웨어와 관련 기술을 보유하고 있는가?

☑ **목적(Objective)**: 프로젝트의 목적이 무엇인가? 현재를 이해하기 위한 것인가, 아니면 미래를 예측하기 위한 것인가? 문제의 원인을 분석하고 싶은 것인지 또는 문제의 해결책을 얻고자 하는 것인지?

이러한 질문에 대한 답변은 데이터 분석 유형 선택에 도움이 된다. 현실을 파악하고 실행 가능한 수준에서 목적을 수립한 후 다음 단계로 나아갈 수 있을 것이다.

더욱 유의할 점은 내부의 노력으로 모든 작업을 완료하기 어려운 경우가 많다는 것이다. 이 경우에는 내부 인력을 활용할 것인지 또는 단기적으로 외부 전문가를 활용할지에 대한 선택이 필요하다. 내부 인력을 육성하여 활용하면 시간이 오래 걸리고 교육 비용 등을 지출할 수 있으나, 장기적으로는 내부 데이터를 잘 아는 도메인 전문가에게 우수한 데이터 분석 기술을 교육하는 것이 기업 맞춤형 데이터 분석 전문가를 육성하는 효과가 있다. 하지만 필요에 따라서 또는 투자대비수익(Return of Investment, ROI) 관점에서 외부 전문가를 활용하는 것이 효과적이라는 판단이 들면 업계에 대한 배경지식이 있는 숙련된 데이터 분석 서비스를 제공하는 업체 또는 전문가에게 문의하는 것도 좋은 방법이다.

2.6 5단계: 검증 및 평가하기

데이터 분석 유형을 선택하고 실제로 분석을 실시한 이후에는 분석 결과 데이터를 평가하고 결과물에 대한 객관적인 검증과 평가가 필요하다.

검증 및 평가 단계에서는 데이터 분석 결과와 그 과정 전반을 객관적으로, 그리고 냉철하게 검토하고 그다음 단계에 수행할 작업을 결정하는 단계다. 다음의 체크리스트를 활용하여 분석 결과와 프로세스 측면에서 데이터 분석 프로젝트를 평가 및 검증해 보자.

- **분석 결과 평가**   데이터 분석 결과 자체를 평가 및 검토한다.

    ☑ 데이터 결과가 정확하고 오류가 존재하지 않는가?

    ☑ 데이터 분석 결과가 프로젝트 초기에 세웠던 목표에 부합하는 결과인가?

    ☑ 상식과 일반적인 관점에서 수용 가능한 결과인가?

    ☑ 결과가 의사결정에 도움이 되는가?

- **분석 프로세스 평가**   결과를 도출하기 위해 거친 과정 자체를 평가 및 검토한 후 필요하면 수정 및 반영하도록 한다.
  - ☑ 분석 과정에서 간과하거나 누락된 것이 있는가?
  - ☑ 분석 과정에서 계획했던 모든 단계를 제대로 실행하였는가?
  - ☑ 분석 결과 검증, 검토 후 재분석이 필요하다면 추가 및 수정이 필요한 과정은 무엇인가?

데이터 분석 과정에서는 여러 이유로 그 결과물에 오류가 발생할 수 있다. 만약 평가 및 검증 단계에서 오류를 발견한다면 오류를 이해하고 원인을 해결해야 한다. 결과물의 오류는 여러 이유로 발생할 수 있는데, 이를 해결하기 위해서는 오류의 근본 원인 Root Cause을 파악해야 한다. 데이터 분석의 오류는 대략 다음과 같은 원인으로 발생할 수 있다.

- **잘못된 분석 대상 데이터의 선정**Input Data Error   분석에 사용한 데이터를 잘못 수집하였거나 수집된 데이터가 분석 목적에 적합하지 않은 경우
- **분석 대상 데이터의 오염**Data Corruption   수집된 데이터 세트에 포함된 데이터에 문제가 있거나 잘못된 정보가 포함된 경우 또는 기술적 문제로 데이터 자체가 오염된 경우
- **분석 로직 또는 모델링의 오류**Analysis Logic & Modeling Error   분석에 사용된 로직 또는 분석 모델을 잘못 설계하여 결과가 잘못 나온 경우
- **결과물 해석의 문제**Wrong Interpretation   분석 결과를 해석하는 과정에서 데이터를 바라보는 관점, 입장 차이, 그리고 해석자의 이해관계 등으로 결과를 왜곡되게 해석하는 경우

이 외에도 여러 오류의 원인이 있을 수 있지만, 중요한 것은 분석 결과 및 과정을 객관적이고 비판적인 시각에서 검토해야 그 문제의 원인이 보인다는 것이다. 일반적으로 자신이 수행하고 도출한 결과물에 대해서는 대부분 객관적이고 비판적인 관점에서 판단하기가 쉽지 않다. 그러므로 가능하다면 주변 동료 및 이해관계자의 의견을 구하는 과정을 거치는 것이 가장 좋은 방법이다.

이러한 과정을 통해서 분석 결과물과 분석 과정을 검토하여 오류 또는 개선점이 발견되었다면 이전 단계로 돌아가 개선을 통해 그 과정을 다시 수행하도록 한다. 여러 시행착오를 통해 원하는 결과를 얻었다면 **결과 배포를 진행할지, 추가로 반복 수행할지, 또는 새 프로젝트를 시작할지**를 결정한다. 어느 누구도 한 번에 원하는 결과를 얻을 수 없다. 오히려 많은 시행착오를 거치는 것이 당연하다고 예상해야 한다.

 데이터 분석 시 빈번하게 하는 실수

1 숫자 너머를 보지 않는다

많은 이들이 분석 결과를 이해 및 해석하는 단계에서 전체 맥락을 고려하지 않고 오직 얻은 수치 자체에만 집중하여 평가하곤 한다. 데이터를 종합적으로 이해하지 않으면 데이터가 말하는 메시지를 파악할 수 없는 경우가 많다. 이런 이유로 데이터 분석을 수행하는 사람은 결과 해석에서 '무엇'이 아닌 '이유'에 대해서 끊임없이 질문해야 한다.

2 문제를 잘 정의하지 않는다

분석의 결과를 해석하고 평가하는 과정에서 부딪히는 많은 문제가 해결책을 찾아야 하는 문제 자체가 올바르게 정의되지 않았기 때문에 비롯된다. 문제를 잘 정의하지 않은 상태에서 분석 결과를 해석하다 보면 분석을 제대로 하고도 헤매는 경우가 많다.

3 잘못된 측정 항목에 집중한다

문제는 A에 있었는데 문제의 원인을 B에서만 찾고 있다면? 잘못된 선입견 또는 과거의 경험 등으로 인해 분석 결과의 해석 과정에서 특정 측정 항목에만 집착할 수도 있다. 본인이 믿고 있든지, 또는 믿고 싶은 결과를 달성하기 위해, 혹은 빠른 성과 달성을 위해서 객관적인 시각으로 분석하지 않고 잘못된 측정 항목에 집중할 수도 있다.

4 분석 전에 데이터를 정리하지 않는다

항상 작업 중인 데이터가 처음에는 정확하지 않고 오류가 있다고 가정하는 것이 좋다. 분석 프로젝트를 반복하다 보면 전체적인 과정과 데이터가 익숙해지면서 데이터가 옳지 않을 때 이상하다는 '느낌'이 들기 시작할 것이다. 효과적으로 데이터를 정리하기 위해 여러 분석 도구를 사용하여 중복 레코드를 찾거나 일치하지 않는 철자를 찾는 등의 방식으로 데이터를 사전에 정리해야 한다.

5 데이터의 계절적 변동성을 무시한다

휴일, 여름철 및 연말과 같은 기간의 데이터는 일반적인 기간의 데이터와 많은 차이를 보일 수 있다. 대부분의 유통업체는 연말, 명절 기간에 연간 매출의 대부분을 기록한다. 넷플릭스는 주말, 연휴, 연말에 이용자가 폭증한다. 이러한 업종, 상품, 환경 등이 반영된 데이터의 계절적 변동성을 고려하지 않으면 그 결괏값을 제대로 이해할 수 없을 것이다.

2.7 6단계: 시각화 및 발표

결과를 잘 도출하고 그 의미를 정확하게 파악하였다 하더라도 이를 효과적이면서 인상 깊게 전달하지 못한다면 그 성과는 퇴색될 것이다. 상품을 잘 만들었더라도 소비자들에게 알리지 못한다면 판매는 이뤄질 수 없다. 데이터 시각화는 프로젝트의 마지막 단계인 분석 결과의 전달력을 극대화한다. 데이터 시각화는 정보와 데이터를 숫자, 문자 형태가 아닌 차트, 그래프, 지도와 같은 시각적인 요소를 활용하여 표현한 것이다. 데이터 그 자체를 보여주는 것을 넘어서 여러 시각화 요소를 활용하여 데이터의 추세, 패턴 등을 한눈에 보여주고 이해를 돕는다.

우리는 흰색 바탕에 쓰인 검은색 글씨 또는 숫자보다는 그래픽, 색상, 그리고 패턴을 보여주는 그래픽에 더욱 이끌린다. 이는 인간의 본능이자 정보를 입수하는 기관인 눈의 고유 속성이다. 수천 단어로 작성된 글 속에서 특정 단어를 찾는 것보다는 하얀 바탕의 종이 위에 작성된 빨간색 글씨 그리고 큰 동그라미 속에 그려진 사각형의 도형 등을 더욱더 빠르게 알아내고 식별할 수 있다.

데이터 시각화는 데이터를 이해하기 쉬운 형태로 변환하여 데이터의 변화 추이, 다른 데이터와 특이한 형태를 보이는 데이터들을 강조하여 스토리를 전달하는 데 활용된다. 그리고 넘쳐나는 데이터 속에서 의미 없는 데이터를 제거하여 의미 있는 스토리를 전달하기 위해 데이터 시각화가 사용된다. 효과적인 데이터 시각화는 전달하는 데이터 그 자체와 전달하는 방식인 시각화(차트, 그래프 등) 간에 섬세한 균형이 잡혀야 한다. 데이터와 이를 뒷받침하는 시각 자료가 함께 작동해야 하며, 훌륭한 분석과 스토리텔링이 결합할 때 데이터 시각화의 궁극적인 목표인 성공적인 의사결정을 위한 메시지를 청자(의사결정자)에게 전달할 수 있을 것이다.

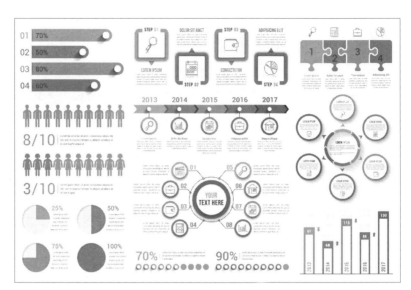

그림 2.15 **시각화 예시 그림**

🏆 중요하지만 잊기 쉬운 프로젝트 마무리: 반복적이고 지속적인 개선

프로젝트 관리 단계 중 마지막이자 가장 중요한 단계는 바로 지속적 개선(Continuous Improvement)이다. 지속적인 개선은 제품, 서비스 또는 프로세스를 개선하기 위한 끊임없는 노력을 말한다. 쉽게 설명하면, 프로젝트 과정에서 얻은 교훈 또는 개선할 점을 다음 프로젝트에 반영하여 시행착오와 시간, 비용을 줄이는 여러 좋은 아이디어를 반영하여 효율적이고 개선된 품질의 결과물을 얻기 위한 노력이다. 이러한 노력을 통해 유사한 다음 프로젝트를 수행할 시에는 시간이 지남에 따라 '점진적' 개선 또는 한 번에 '획기적인' 개선을 추구할 수 있다.

필자의 경험에 비추어 볼 때 한국에서 수행하는 많은 프로젝트는 프로젝트 기획, 수행 과정에서는 높은 수준을 자랑하나 프로젝트를 통해 얻은 교훈 등을 차후에 반영하는 과정을 간과하는 경우가 많다. 빠듯한 예산과 인력 그리고 쫓기는 일정으로 프로젝트 수행과 결과에만 집중하는 경우가 많기 때문이다. 하지만 경험 많은 외국에서는 프로젝트 종료 단계에서 모든 프로젝트 참여자가 프로젝트 과정에서 느꼈던 개선안들을 적극적으로 개진하고 이를 모아 차후 프로젝트 개선안으로 반영한다.

데이터 프로젝트도 마찬가지다. 프로젝트를 신속, 정확하게 수행하여 원하는 결과를 얻는 것도 중요하지만, 진행 과정에서 얻은 시행착오와 교훈을 수집, 보관, 그리고 차후 유사 프로젝트에 적용하여 개선하는 것은 데이터 분석 프로젝트를 완료하는 마지막 단계이자 전체 프로젝트에 중요한 단계 중 하나가 되어야 한다. 이에 지속적 개선 기법 중 가장 널리 사용되는 PDCA 기법을 소개하고자 한다.

PDCA(Plan-Do-Check-Act)

품질의 대가인 데밍(William Edwards Deming)이 소개한 이 기법은 기업이 지속적인 개선을 달성하기 위해 사용하는 가장 인기 있는 기법이다.

- 첫 번째 단계인 계획(Plan)은 목표 및 목표에 따라 원하는 결과를 얻는 데 필요한 프로세스를 설정하는 것이다.
- 다음 단계는 실행(Do)이다. 계획대로 실행하는 단계다.
- 다음으로, 결과(성취도)를 예상 목표와 비교하고 최종 결과가 예상과 다른 경우 무엇이 잘못되었는지 평가(Check)한다.
- 마지막으로, 이를 통해 개선을 위한 데이터를 수집하고 성장을 위해 변경할 수 있는 다른 사항에 대해 생각하고, 이러한 PDCA의 반복을 통해 목표를 달성한 경우 더 나은 결과를 얻기 위해 무엇을 더 할 수 있는지 생각하면서 지속적인 개선을 수행(Act)한다.

멜론의 데이터 활용 사례

음악 스트리밍 플랫폼을 사용하다 보면 내 취향에 꼭 맞는 곡을 플랫폼에서 추천해 줘서 신기하게 여긴 경험이 있을 것이다. 이러한 개별 사용자의 음악 취향에 맞는 콘텐츠를 제공하는 서비스는 데이터 분석 프로젝트의 좋은 예라고 할 수 있다.

국내의 음악 스트리밍 서비스를 제공하는 대표적인 기업인 멜론은 사용자의 데이터 분석을 통해 개인의 취향에 맞는 특화된 콘텐츠 서비스를 제공하고 있다. 예를 들면, 사용자의 음원 소비량, 재생 횟수, 좋아요 수, 댓글 등의 데이터를 활용하게 된다. 이를 통해 사용자가 좋아하는 아티스트들의 소식을 제공하고, 사용자가 좋아하는 음악과 비슷한 장르의 곡들을 선별해서 추천한다.

이처럼 데이터 분석을 통해 콘텐츠가 제공되면서, 심지어 리스너 자신도 인지하지 못한 '나의 취향'까지도 발견해서 제공하기도 한다. 현재 데이터 기반 개인 맞춤 서비스는 인공지능을 활용해 더욱 진화하고 있다. 이제는 사용자들이 언제, 어디서, 어떠한 상황에 있을 때를 고려하여 더욱 적절한 음악을 즐길 수 있도록 제공하고 있다.

CHAPTER

03

데이터
취득

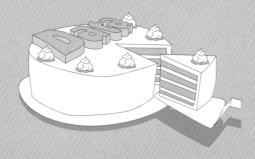

오늘날 우리는 빅데이터의 시대에서 살고 있다. 우리의 생활 속에서 모든 활동은 데이터로 축적되고 있다고 해도 과언이 아니다. 사람이 이동하는 모든 경로는 이동통신사의 기지국 접속 기록으로, 자동차는 하이패스를 통해, 버스나 지하철과 같은 대중교통 이용 내역은 교통카드 사용 내역으로 기록되고 있고, 소비 지출 또한 신용카드 내역으로 데이터화되고 있다. 이러한 환경에서는 데이터 분석을 위해 필요한 데이터를 손쉽게 구할 수 있다. 사용 가능한 데이터가 증가하면서 양질의 데이터를 어떻게 어디에서 확보하는지가 중요한 관건이 되었다.

지난 장에서는 데이터 분석 프로젝트 수행 절차에 대해서 알아보았다. 이번 장에서는 데이터 분석의 대상이 되는 데이터 세트를 어디에서, 어떻게 취득하는지에 대해서 알아보자. 앞장에서 설명하였듯이, 데이터 취득을 위한 탐색 과정은 내부에서 외부의 방향으로 필요한 데이터를 찾아보고 확보하는 것이 좋다. 조직 내부의 데이터는 통합 관리되고 있는 데이터베이스부터 구성원 각자가 개별 보관하고 있는 개인 컴퓨터에 이르기까지 분산되어 있다. 외부에서 분석을 위한 데이터를 수집한다면, 무료로 확보 가능한 곳도 있고 유료로 데이터를 구입해야 하는 경우도 있다. 지금부터 내부와 외부 데이터 소스를 통해 데이터를 취득하는 방법에 대해서 알아보자.

3.1 데이터는 어디에서 구할 수 있을까? — 내부 vs. 외부

데이터 확보를 위해서는 데이터 세트의 주요 분류를 이해하는 것이 필요하다. 분류를 이해하면 데이터 확보 방법에 있어 체계적으로 접근할 수 있고, 이로 인해 풍부하면서 다양한 정보를 습득할 수 있다.

데이터가 속할 수 있는 두 가지 주요 범주는 바로 내부 또는 외부 데이터다. 내부 데이터는 **조직 또는 개인의 통제하에 생산되고 관리되는 데이터**이고, 반면 외부 데이터는 **조직의 통제 및 관리 영역이 아닌 외부에서 생성되는 모든 데이터**를 의미한다. 예를 들어, 내부 데이터는 회사가 소유 및 운영하는 자체 시스템이나 클라우드 환경에 포함된 세부 정보를 포함한 조직 내부에서 소유 및 관리하는 모든 정보다. 조직 구성원의 개인 컴퓨터에 보관된 엑셀, 워드, 파워포인트 등의 문서 또한 내부 데이터다. 외부 데이터는 현재 회사가 소유하지 않은 정보이며, 구조화되지 않은 공개 데이터 및 다른 조직에서 수집한 정보를 포함한다. 많은 국가와 기업에서 제공하는 개방형 데이터 플랫폼(미국의 data.gov, 서울시의 공공 데이터 등)과 소셜 네트워크(페이스북, 인스타그램 등)의 데이터가 외부 데이터에 해당한다.

표 3.1 **내부와 외부 데이터의 정의 및 예시**

	정의	예시
내부 데이터 소스	조직 또는 개인의 통제하에 생산되고 관리되는 데이터	• ERP 시스템 데이터 • 내부 문서 • 웹사이트 방문 로그 및 이력 • 내부 고객 정보 • 내부 센서 수집 데이터 등
외부 데이터 소스	조직의 통제 및 관리 영역이 아닌 외부에서 생성되는 모든 데이터	• 소셜 네트워크 데이터 • 공식 통계 데이터 • 공공 데이터 자료 • 포털 제공 데이터 등

3.1.1 내부 데이터

외부 데이터를 찾기 전에 기업의 모든 내부 데이터 소스를 확인하는 것이 필요하다. 실제로 내부의 문제점을 분석하고자 하는 경우 내부 데이터 소스만큼 유용한 자료를 외부에서 찾기는 쉽지 않다. 또한, 내부 데이터 소스는 일반적으로 수집하기가 더 쉬우며, 조직과 관련된 가치 있는 정보인 경우가 많고, 프로젝트와 직접적인 연관성이 있을 가능성이 높다.

지금부터 조직이 자체적으로 관리하는 내부 데이터 소스에 대해 자세히 살펴보겠다.

❶ 전사적 자원 관리(ERP) 시스템

내부 데이터 중 가장 유용하고 실용적인 데이터 소스는 조직의 회계, 재무 등 회사의 운영과 관련된 전반적인 정보를 보관하고 있는 시스템이다. 요즘은 중소기업부터 대기업에 이르기까지 대부분의 경우 전사적 자원 관리Enterprise Resource Planning, ERP 솔루션을 사용하고 있다. 여기에서 회계, 재무, 구매, 인사 등 조직 운영과 관련된 대부분의 데이터를 관리하기 때문에 현재 및 과거의 조직 운영 전반의 데이터를 확보할 수 있다. SAP와 오라클 등이 대표적인 ERP 솔루션이며, 중소규모의 기업은 각자 조직이 사용하고 있는 솔루션을 통해서 데이터를 확보하면 된다. 이미 관련 부서와 담당자는 ERP 시스템을 통해서 보고서 자료를 확인하기도 하고 데이터를 내려받아 업무에 활용하는 경우가 많은데, 원하는 형태로 보고서가 제공되지 않는다면 IT 부서 담당자의 도움을 받아 데이터를 원하는 형태로 제공받아 사용하는 것이 좋다.

그림 3.1 **ERP 시스템**

❷ 고객 관계 관리(CRM) 시스템

마케팅 측면에서 고객 정보는 중요한 분석 대상이다. 요즘 많은 기업체에서 고객 관리 시스템Customer Relationship Management, CRM을 자체적으로 운영하고 있다. 고객 관리 시스템에는 고객의 소속, 위치, 거래내역 등 상세 정보를 보유 및 관리하고 있는데, 이 데이터를 활용하여 고객 정보 분석 및 마케팅 전략을 수립할 수 있다. 고객 정보와 더불어 구매 및 거래 정보를 결합하면 CRM 세부 정보를 더욱 강력하게 활용할 수 있다.

그림 3.2 **CRM 시스템 주요 기능**

❸ 거래 관리(POS) 시스템

매장을 운영하는 대부분의 자영업이나 유통업체에서는 포스_{Point Of Sale, POS} 시스템을 운영한다. 포스 시스템은 결제 단말기의 일종이라 생각하면 이해하기 쉬운데, 이 시스템에는 거래와 관련한 모든 데이터가 축적된다. 예를 들어, 구매 내역과 가격, 결제 시간 등이 기록된다. 포스 시스템에 저장된 데이터를 활용하면 고객의 구매 습관 및 쇼핑 선호도와 관련된 중요한 패턴을 포함한 중요한 통찰력을 얻을 수 있다.

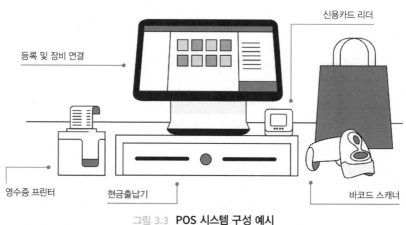

그림 3.3 **POS 시스템 구성 예시**
출처 *https://squ.re/3zAFWH*

❹ 내부 문서

클라우드 컴퓨팅 시대에 조직 내부 문서는 그 어느 때보다 가치가 높아지고 있다. 과거에는 조직에서 생산된 모든 문서가 개인의 컴퓨터에 저장되었는데, 이제는 많은 문서가 생산된 이후에 클라우드로 보관되고 있다. 예를 들어, 구글 드라이브나 MS 원드라이브 등 클라우드 기반의 협업 플랫폼에 저장되면 자신의 문서뿐만 아니라 조직에서 생산된 상당수의 문서를 공유하여 활용할 수 있다. 이메일, 워드 문서, PDF, XML 및 기타 다양한 내부 문서를 데이터화하고 이를 분석의 소스로 활용할 수 있다.

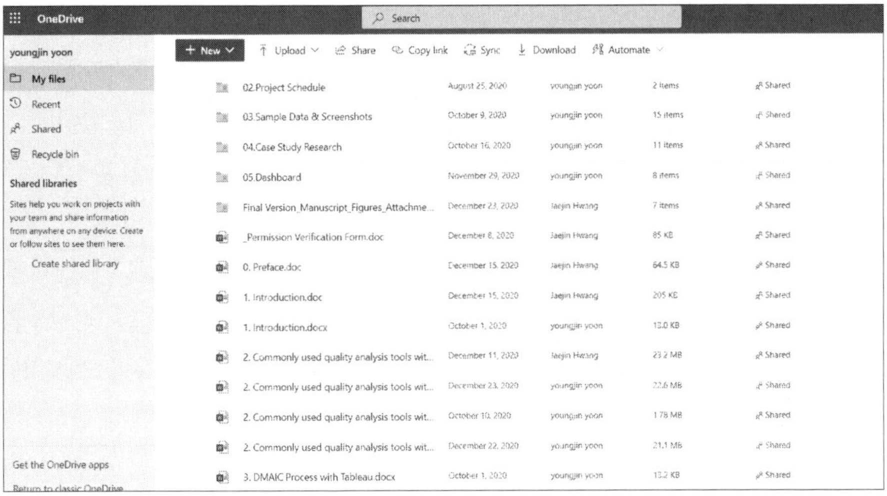

그림 3.4 **MS 원드라이브 예시**

❺ 기타 비즈니스 애플리케이션

앞에서 설명했던 재무, 회계, 매출, 마케팅, 고객 데이터 등과 관련한 시스템 이외에 조직의 목적에 맞게 개발된 시스템을 필요에 따라 별도로 파악해 둬야 한다. 예를 들어, 건설사에는 자체적으로 개발하거나 구매하여 사용하고 있는 프로젝트 관리 시스템이 있을 수 있다. 물류회사는 물류관리 시스템, 금융회사는 부정거래 모니터링 시스템 등 조직마다 보유한 고유 목적의 시스템 또한 중요한 데이터 소스가 된다.

❻ 장치 센서

사물인터넷Internet of Things, IoT은 최근 급격하게 성장하고 있는 분야이자, 많은 조직에서 활용을 적극적으로 검토하고 있는 기술이기도 하다. 사물인터넷은 사물에 센서를 부착하여 사물이 생산하는 데이터를 활용하는 방식인데, 사물과 네트워크가 연결되어 실시간으로 데이터를 수집하게 된다. 예를 들어, 기업 차량의 자동차 센서는 사용량, 주행 거리, 연료 및 여행 경비에 대한 풍부한 데이터를 수집할 수 있다. 이렇게 수집된 데이터 또한 내부 데이터로 활용할 수 있다.

앞에서 설명하였듯이, 내부 데이터 소스는 일반적으로 수집하기가 더 쉽고 관련성이 더 높을 수 있다. 출처가 정확하기 때문에 신뢰도가 높고 관련성이 있을 뿐만 아니라 조직이 이미 소유하고 있는 정보이므로 비용이 들지 않는다. 막연한 데이터 수집 과정에서 내부 데이터는 가장 명확하면서도 확실한 데이터 소스다.

3.1.2 외부 데이터

조직이 보유한 주요 내부 데이터 소스를 조사하고 필요한 데이터를 확보하더라도 때로는 분석을 수행하기 위해 데이터가 충분하지 않은 경우가 많다. 또한, 상당수의 분석 과정에서 내부 요인은 물론, 외부 요인도 고려해야 한다. 예를 들어, 세계적인 트렌드, 업계의 현황, 외부의 환경적인 요인 등과 관련한 광범위한 질문에 답하거나 새로운 잠재 고객을 더 잘 이해하려는 경우 등을 위해서 회사의 내부 데이터를 넘어 외부 데이터 소스를 분석에 활용해야 한다. 외부 데이터의 요구가 발생할 때는 데이터를 수집할, 가장 신뢰도 높고 가치 있는 데이터 제공처를 조사하는 것이 중요하다. 그럼, 지금부터는 내부 정보가 아닌 공개 정보를 포함한 외부 데이터의 주요 출처를 살펴보자.

❶ 소셜 미디어

가장 강력하고 풍부한 외부 데이터 소스 중 하나는 페이스북, 인스타그램 및 트위터를 포함한 소셜 미디어 채널이다. 페이스북, 트위터, 인스타그램, 링크드인 등 주요 소셜 네트워크는 전 세계적으로 수십억 명의 사용자를 보유하고 있다. 이러한 사이트는 개인 사용자뿐만 아니라 기업이나 단체 이용자에게도 인기가 많다. 전 세계의 많은 사용자가 이러한 플랫폼으로 몰려들기 때문에 소셜 미디어의 데이터는 잠재력이 무궁무진하다. 소셜 미디어의 데이터는 일반 사용자의 피드백뿐만 아니라 트렌드, 활동 패턴 및 고객 선호도에 대한 소스 데이터를 제공한다. 페이스북과 인스타그램과 같은 소셜 미디어를 통해서 특정 해시태그, 유명인, 그리고 위치를 기반으로 게시물이나 게시물에 대한 댓글을 수집하여 분석할 수 있다.

❷ 공공 데이터

소셜 네트워크 정보 이외에 아주 유용한 외부 데이터 소스는 바로 공공 데이터다. 정부에서 제공하는 데이터는 오늘날의 우리 사회 전반에서 일어나는 일과 사람에 대해서 더 잘 이해할 수 있도록 도움이 되는 몇 가지 유용한 정보 소스를 제공한다. 다음과 같은 공공 데이터 소스를 활용해 보자.

🌱 공공 데이터 리스트

- 한국 공공 데이터 포털: *https://www.data.go.kr*
- 통합 데이터 지도: *https://www.bigdata-map.kr*
- 국가 통계 포털: *https://kosis.kr/index/index.do*
- 지역 데이터 개방: *https://www.localdata.go.kr*
- 서울 열린데이터 광장: *http://data.seoul.go.kr*
- 미국 정부 공개자료 공공 데이터 포털: *https://www.data.gov*
- 일본 통계국 빅데이터 포털: *http://www.stat.go.jp*
- 영국 국립 데이터 센터: *https://data.gov.uk*
- EU 정보 플랫폼: *https://www.europeandataportal.eu*
- 중국 국립 데이터 센터: *http://data.stats.gov.cn*
- 홍콩 정부 데이터 센터: *https://data.gov.hk/ja*
- 대만 정부 정보 공개 플랫폼: *https://data.gov.tw*
- 경제협력개발기구(OECD) 데이터베이스: *https://data.oecd.org*
- 세계은행 공개 정보 포털: *https://data.worldbank.org*
- 세계보건기구: *http://apps.who.int/gho/data/node.home*

그림 3.5 **한국 공공 데이터 포털**

❸ 포털 데이터

네이버와 구글은 각각 한국과 글로벌에서 가장 많이 사용하는 포털 사이트이자 검색 엔진이다. 사람들은 구글이나 네이버를 통해 필요한 정보를 검색하는데, 이렇게 검색 된 정보가 바로 사람들이 필요로 하고 관심을 가지는 정보다. 즉, 포털은 검색어, 트 렌드 및 기타 온라인 활동에 대한 풍부한 정보를 보유하고 있고 이를 외부 사용자에 게 공개하고 있다. 네이버 데이터랩(*https://datalab.naver.com*)과 구글 트렌드(*https://trends. google.co.kr/trends/?geo=KR*)는 거의 모든 분야의 검색량에 대한 통계 정보를 제공하는 최고의 소스다.

기업/플랫폼 데이터베이스 포털

- Google BigQuery 공개 데이터 세트: *https://cloud.google.com/bigquery/public-data*
- 유튜브 데이터 세트: *https://research.google.com/youtube8m/index.html*
- 구글 오픈 데이터 검색: *https://www.google.com/publicdata/directory?hl=ko&dl=ko#!hl=en_US&dl=ja*
- Google Trend Search: *https://trends.google.com/trends*
- 아마존 AWS: *https://aws.amazon.com/cn/datasets*
- KT 빅데이터 플랫폼: *https://www.bigdata-telecom.kr*

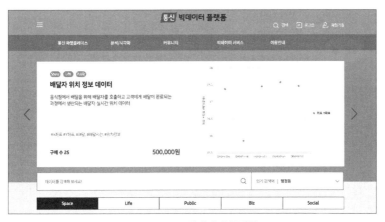

그림 3.6 **KT 빅데이터 플랫폼**

3.2 데이터 취득하기

이번 절에서는 데이터 수집을 위한 첫 번째 단계인 데이터 소스를 파악하고 분석에 필요한 데이터를 식별하는 데 도움이 되는 몇 가지 일반적인 절차에 관해서 설명한다. 데이터 분석의 목적, 프로젝트의 성격, 사용할 수 있는 데이터의 소스와 각 조직의 구성 등에 따라서 접근 방법이 다르겠지만, 일반적으로 적용 가능한 방법과 요령이기 때문에 필요에 따라 적절하게 변형하여 사용할 것을 추천한다.

3.2.1 데이터 소스 정의

데이터를 취득하고자 한다면 원하는 데이터를 정확하게, 그리고 구체적으로 정의하여야 한다. 일반적으로 우리가 원하는 무엇을 다른 사람에게 설명하는 과정을 상상해 보자. 같은 대상이라도 각자 경험과 표현하는 방식에 따라 설명이 다를 수 있다. 그렇기 때문에 원하는 데이터 취득을 위해서는 상대방이 이해할 수 있는 수준으로 데이터 소스Data Source를 명확하게 정의해야 한다. 일반적인 데이터 소스의 정의 과정은 다음과 같다.

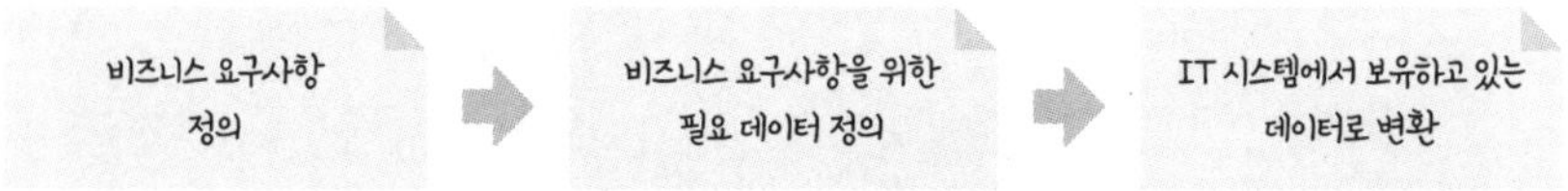

비즈니스 요구사항 정의	→	비즈니스 요구사항을 위한 필요 데이터 정의	→	IT 시스템에서 보유하고 있는 데이터로 변환

그림 3.7 **데이터 소스 정의 과정**

❶ 비즈니스 요구사항 정의

데이터 분석의 시작은 비즈니스 요구에서 시작된다. 예를 들어, '**지난달에 비해서 이번 달에 특정 아이템의 매출이 늘어난 이유는 무엇일까?**'라는 질문은 세일즈나 마케팅 부서에서 시작되는 질문이다. 대부분의 데이터 분석은 특정 요구사항, 즉 알고 싶은 질문 또는 문제 상황을 해결하기 위해 시작된다. 이런 이유로 비즈니스의 요구사항을 구체화하여 정의하는 작업이 데이터 소스 파악을 위해 선행되어야 한다. 비즈니스 요구사항이 정의된 다음, 이를 사용자에게 확인하여 시행착오를 미연에 방지하는 것이 좋다.

❷ 비즈니스 요구사항을 위한 필요 데이터 정의

분석에 사용되는 모든 소스 데이터는 조직 내의 데이터베이스 또는 외부 데이터 소스에서 가져오게 된다. 데이터는 보통 열과 행으로 이뤄진 테이블이라는 형태에서 저장/관리되고 있는데, 데이터 사용자는 IT의 배경지식이 없는 경우가 많고 데이터가 어떠한 형태로 저장되어 있는지 알지 못한다. 이러한 이유로 대개 같은 조직에서 일하고 있더라도 IT 부서의 담당자와 비즈니스 담당자는 다른 관점을 가지고 있다. 이러한 차이 때문에 서로를 이해하는 과정이 필요한데, 이것이 바로 비즈니스 요구사항을 IT 담당자가 이해하는 수준으로 정의하는 작업이다. 예를 들어, '**지난달 고객 연령별 매출 현황을 보고 싶다**'라고 하였을 때 실제로 데이터를 추출하는 IT 부서의 담당자나 관리자를 위해서는 어느 정도 친절한 설명이 필요하다. 예를 들어, 다음과 같은 구체적인 정의가 필요하다.

- **지난달에 대한 정의**　지난달의 기간은 1일부터 말일까지인가? 아니면 지지난달 20일부터 지난달 20일까지인가?
- **연령별에 대한 정의**　10대, 20대, 30대로 연령을 구분하는가? 10대의 청소년층, 20~30대 청년층, 40대 이상의 중장년층을 의미하는 것인가?

- **구체적으로 어떠한 정보를 보고자 하는지에 대한 정의** 단순 매출의 합계인가? 아니면 특정 제품 코드에 해당하는 매출을 보고 싶은 것인가? 또는 카테고리별 제품의 매출 합계를 보고 싶은 것인가?

이러한 작업이 필요한 것은 IT 담당자가 실제로 데이터를 추출하기 위해 구체적인 정의와 조건이 없으면 데이터를 추출할 수 없고, 임의로 데이터를 추출하면 사용자의 요구사항을 충족시킬 수 없기 때문이다.

❸ IT 시스템에서 보유하고 있는 데이터로 변환

IT 관점에서 요구사항이 정확하게 정의되었다면 이제는 데이터베이스 레벨에서 데이터를 정의해야 한다. 앞의 예에서 **'지난달의 제품별, 고객별 매출'**을 추출하기 위해서는 매출 테이블, 고객 테이블, 제품 마스터 테이블 등 필요한 데이터가 저장된 데이터베이스 레벨의 테이블을 찾아서 적합한 데이터를 가져와 조합하는 과정이 필요하다. 이러한 기술적인 과정은 IT 전문가, 데이터베이스 전문가나 데이터를 추출하는 언어를 사용할 줄 아는 담당자가 직접 수행할 수 있다. 직접 데이터를 추출하고 확인할 줄 안다면 가장 이상적이겠지만, 그렇지 않다면 IT 전문가의 도움을 받아야 한다. 하지만 사용자도 논리적인 형태로 필요한 데이터의 소스를 정리하고 어느 정도 구체적인 필요 데이터를 정의하는 것은 가능하다. 예를 들어, '지난달의 제품별, 고객별 매출'을 위해서는 당연히 **제품 정보, 고객 정보, 매출 정보**가 필요하고, 결과물로 보고자 하는 필드가 무엇인지, 즉 '제품 번호, 제품명, 제품별 판매 금액, 구매 고객 관련 정보 등을 결과에 포함하고 싶다' 정도로 구체적으로 나열하고 설명하면, 데이터를 추출하는 담당자와 원활한 커뮤니케이션이 가능할 것이다. 다음의 예시를 참고하자.

비즈니스 요구사항 정의	비즈니스 요구사항을 위한 필요 데이터 정의	IT 시스템에서 보유하고 있는 데이터로 변환
지난달 상품별, 고객별, 매출을 보고 싶다.	2021년 1월 1일부터 31일까지의 식품 (신선식품과 가공식품) 카테고리의 매출의 일별 금액을 볼 예정이다.	POS 시스템과 ERP 시스템에서 매출 테이블, 고객 테이블, 상품 마스터 중 1/1~1/31까지 신선식품, 가공식품 (상품 카테고리 코드 1010, 1111), 매장별, 고객 연령별로 매출을 모아 매출 금액을 리포트로 뽑는다.

그림 3.8 **데이터 소스 정의 예시**

3.2.2 데이터 소스 파악 방법

앞에서 데이터 정의와 관련한 절차에 대해서 이해하고 어느 정도 준비가 되었다면, 지금부터는 실전을 위해 데이터 소스를 파악하는 절차 및 방법에 대해서 알아보자.

❶ IT 부서 및 담당자와의 미팅

가장 빠르고 효과적으로 데이터 소스를 파악할 방법은 IT 부서 담당자 또는 데이터베이스를 관리하는 담당자와 미팅이나 직접적인 의사소통을 통해 문의하는 것이다. 미팅 전에 IT 담당자에게 배경을 설명하고 미팅 중에 필요한 질문을 미리 준비한다. 사전에 철저한 준비를 통해 최대한 원하는 정보를 많이 파악한다. 분석의 범위와 특성에 비즈니스와 데이터 요구사항을 더 잘 이해하는 담당자나 IT 팀원이 있을 것이다. 미팅을 원활하게 진행하고 프로젝트를 지원할 수 있는 적절한 담당자 또는 IT 팀원을 파악하고 미팅에 참석하게 하는 것이 큰 도움이 될 것이다.

❷ 샘플 데이터를 통해 데이터 소스 파악하기

아무리 철저한 준비를 통해 의사소통하고 요구사항을 전달해도 정확한 데이터를 얻을 수 없는 경우가 빈번하다. 그렇기 때문에 본격적으로 데이터 분석을 시작하기 전에 원하는 데이터 전부를 받기보다는 필요한 일부의 샘플 데이터를 받아 검토하고 확인한 이후에 분석에 필요한 데이터를 결정하는 것이 좋다. 예를 들어, 지난해 매출 데이터를 분석하고자 할 때 처음부터 필요한 모든 기간의 데이터를 요청하기보다는 샘플 데이터를 먼저 요청하여 확인하는 게 좋다. IT 부서 또는 담당자에게 연간 매출 데이터를 수령한 이후 원하는 조건의 데이터가 아닌 것을 확인하였다고 가정해 보자. 이때 IT 부서 또는 담당자가 재작업을 위해서는 많은 시간과 노력이 필요하기 때문에 원하는 조건으로 데이터를 재요청하기가 난감할 수도 있다.[6] 그러므로 분석에 필요한 데이터를 사전에 확인하기 위해서는 대용량의 전체 데이터를 처음부터 요청하기보다는 일주일 정도의 데이터를 샘플로 받아 확인하고 필요한 데이터만 지정하여 요청한다면 시간을 절약하면서 효율적으로 프로젝트를 진행할 수 있다.

---

6   1년간 매출 데이터를 추출할 경우는 대개 몇 시간 이상이 걸리는 대용량일 가능성이 높다.

❸ 시스템에 직접 접근하여 데이터 확인하기

데이터를 조회하는 기본 지식이 있다면 데이터베이스에 직접 접근하여 데이터를 확인해 보는 것도 좋은 방법이다. 예를 들어, 회사가 이용하는 ERP 시스템이 있고 직접 필요 데이터를 조회하여 확인하고 싶다면 IT 부서에 조회 접근 권한을 요청한다. 읽기 권한만 있다면 시스템에 접속하여 필요한 데이터를 쉽게 확인할 수 있다.

3.2.3 데이터 수령 방법

수집한 데이터를 어떻게 가져올지에 대한 방법도 고민해야 할 부분이다. 파일 형태로 데이터를 다운로드하여 사용할 수도 있지만, 데이터베이스에 직접 연결하여 데이터를 가져올 수 있다면 실시간으로 변화하는 데이터를 반영할 수도 있기 때문이다. 지금부터는 수집한 데이터를 연결하여 활용하는 방법에 대해서 소개하겠다.

❶ 데이터베이스에 직접 연결

조직 내의 데이터베이스(재무, 회계, 인사, 매출 등)가 구축된 경우 조직 내에 IT팀의 지원을 받아 직접 데이터베이스에 연결하여 데이터를 활용할 수 있다. 일반적으로 보안 문제로 읽기 전용Read Only으로 접근 권한을 받아 데이터베이스를 확인하고 정보를 수집할 수 있다. 이와 관련해서는 대부분의 IT 부서에 문의하면 자세하게 안내를 받을 수 있다.

❷ 개방형 데이터에서 자료를 다운로드하여 활용

인터넷에서는 엄청난 양의 데이터를 찾을 수 있다. 예를 들어, 인구 관련 데이터와 거주하는 지역의 평균 수입, 그리고 주말 유동 인구수, 주어진 거리에 얼마나 많은 커피숍이 있는 등 많은 정보를 찾을 수 있다. 많은 국가와 기업에서 개방형 데이터 플랫폼(⑤ 미국의 data.gov, 서울시 공공 데이터 등)을 제공한다. 이런 개방형 데이터 플랫폼에서는 다양한 포맷으로 데이터를 내려받을 수 있도록 지원하는데, 일반적으로 엑셀 또는 텍스트 형태로 다운로드하여 사용하면 된다.

❸ API 사용

APIApplication Programming Interface(응용프로그램 프로그래밍 인터페이스)를 간단하게 설명하자면, 다른 개발자나 기업, 기관에 제공하는 기능, 프로그램 등을 내가 만든 프로그램과 연결하여 활용할 수 있게끔 도와주는 중간 매개체다. 예를 들어, 네이버나 SK텔레콤 이 날씨 정보, 다음의 지도 정보 등을 공개하여 일반 사람들이 사용할 수 있게 API 를 제공하면 API를 통해 실시간으로 데이터를 가져와 일반인들이 자신의 목적에 맞게 활용할 수 있다. 요즘은 국가에서도 '공공 데이터 포털'을 통해서 공공 API를 제공하는데, 부동산 중개 모바일 애플리케이션인 '직방'이나 부동산 거래 정보를 보여주는 '디스코'도 국가 공공 API를 토대로 만들어진 서비스다. API를 이용하여 연결하면 공공 데이터 플랫폼의 데이터를 연결하여 실시간으로 데이터를 가져와서 자신의 목적에 맞게 활용할 수 있다.

그림 3.9 **공공 데이터 포털**(*https://www.data.go.kr*)

이번 장에서는 데이터 취득과 관련한 내용에 대해서 알아보았다. 이번 장을 요약하면 다음과 같다

1. 데이터 취득을 위해서 내부 데이터 소스에서부터 외부 데이터 소스 순서로 데이터를 파악한다.

2. 데이터 소스를 정의하기 위해서는 **비즈니스 요구사항 정의 ➡ 필요 데이터 상세 정의 ➡ 시스템 레벨 수준 정의**가 필요하다.

3. 데이터 소스를 파악하기 위해서는 다음과 같은 방법을 활용한다.

   - IT 부서 담당자와의 미팅
   - 샘플 데이터를 통해 데이터 확인 후 소스 확정
   - 시스템에 읽기 권한으로 접근하여 데이터 확인

4. 데이터 수령 방법으로는 다음과 같은 방법이 있다.

   - 데이터베이스에 직접 연결하여 다운로드하는 방법
   - 외부 공공 데이터 사이트에서 다운로드하여 활용하는 방법
   - 외부 공공 데이터 API로 연결하여 데이터를 받는 방법

개별 프로젝트의 성격과 속한 조직의 구성이 각기 다르므로 앞의 방법을 현 상황을 고려하여 유연하게 활용한다면 효율적으로 데이터를 파악하고 취득할 수 있을 것이다.

국내의 대표적인 게임 회사인 엔씨소프트에서는 게임 사용자들의 플레이 데이터를 기반으로 게임 내의 사기 및 불법 거래 예방 및 게임 난이도 조정을 위해 노력하고 있다. 특히, 국내 유일의 자체 게임 데이터 센터인 '엔씨데이터센터'를 활용하여 데이터 분석에 총력을 기울이고 있다.

엔씨소프트에서는 게임 사용자들이 플레이하면서 축적되는 대량의 로그 데이터를 기반으로 의심스러운 패턴을 감지해 낸다. 예를 들면, 오토 캐릭터와 같이 지나치게 반복적인 행동을 보이는 캐릭터들을 수치로 판별하여 사전에 범죄를 예방한다. 오토 캐릭터는 게임 내에서 자동으로 사냥을 하도록 설정된 프로그램을 말하는데, 이를 통해 게임의 경험치 및 재화를 끌어 올려서 현금화하는 수법이다.

이외에도 사용자들의 플레이 데이터 분석을 통해 어떠한 미션을 사용자들이 유난히 어려워하는지를 판별해 낼 수 있다. 이를 통해 게임의 난이도를 조정하여 사용자들이 흥미를 잃지 않고 즐겁게 게임을 할 수 있도록 조성하고 있다.

04

데이터 검증 및 전처리

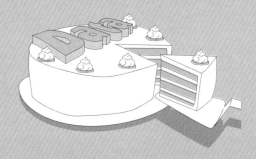

3장에서는 데이터 취득에 대해서 알아보았다. 이번 장에서는 데이터 취득 이후 효과적인 분석 수행을 위한 사전 작업 단계인 데이터의 품질 검증과 전처리 과정에 대해서 알아보자.

4.1 데이터 품질 검증

필요한 데이터를 확보하였다면 이제는 확보한 데이터의 품질에 대해서 생각할 시간이다. 데이터를 확보하는 단계에서는 분석에 필요한 데이터를 최대로 확보하는 것이 목표다. 하지만 아무리 많은 데이터를 확보하였더라도 확보한 데이터가 정확하고, 일관되며, 유효한지는 또 다른 문제다. 품질에 문제가 있거나 주제와 무관한 데이터는 분석에 도움이 되지 않는다. 이런 이유로 본격적인 데이터 분석에 앞서 취득한 데이터의 품질을 검증하는 단계가 필요하다. 우선, 데이터 품질을 판단하는 기준에 대해서 알아보자.

4.1.1 데이터 품질 판단의 기준은 무엇인가?

취득한 데이터가 분석에 적합한지, 아니면 분석에 사용하기에 여러 문제가 존재한지 판단하기 위해서는 객관적인 기준이 필요하다. 데이터 품질을 측정하는 데 사용되는 5가지 주요 기준을 소개하고자 한다.

표 4.1 **5가지 데이터 품질 판단 기준** *https://towardsdatascience.com*

기준	설명
정확성	정확하고 가독성 높은 데이터가 포함되고 있는가?
관련성	분석에 필요한 요구사항을 충족하면서 분석 주제와 관련 있는 데이터가 포함되어 있는가?
완전성	부분적으로 데이터가 누락되거나 오류가 존재하는 데이터가 존재하는가?
적시성	최신의 데이터가 아닌 분석 결과에 영향을 줄 만큼 과거의 데이터로 이뤄져 있는 데이터 세트인가?
일관성	데이터는 정해진 형태의 데이터 형식(예 금액, 날짜, 숫자, 문자 등)을 따르고 있으며, 필요시 상호 참조가 가능한 데이터인가?

표 4.1의 5가지 기준으로 데이터 품질을 판단할 수 있을 것이다. 표 4.1의 기준 중 하나라도 문제가 있다면 수집한 데이터의 품질에 하자가 있다고 판단할 수 있다. 품질에 이슈가 발생한 경우 적절한 조치를 취해야 한다. 데이터 소스를 재확인하여 다시데이터를 확보 및 수령하는 방법, 또는 문제가 있는 원인을 파악하고 문제가 있는 데이터만 적절히 처리하여 분석에 사용하는 방법 등이 있다. 뒤에서 다루는 전처리 부분에서 자세하게 다룰 예정이다.

4.1.2 데이터의 품질은 어떻게 검사할까?

데이터를 확보한 후 가장 처음으로 수행해야 하는 업무는 데이터가 완전하고 유효한지 확인하는 것이다. 즉, **무결성 테스트**Integrity Test를 수행해야 한다. 데이터 무결성은 여러 방법으로 평가할 수 있는데, 우선 데이터 무결성이 무엇인지 알아보자.

❶ 데이터 무결성은 무엇인가?

데이터의 품질에 대해 이해하기 위해서는 데이터 무결성에 대한 이해가 필요하다.

한 식당에서 지난달 매출 데이터를 확보하여 분석을 수행한다고 가정해 보자. 확보한 매출 데이터 세트에는 다음과 같은 정보가 포함되어 있을 것이다.

매출 식별 번호	판매 메뉴 번호	메뉴명	판매 금액	거래 연월일	기타
111	14	라면	3000	2021/1/2	xxx
112	7	떡볶이	4000	2021/1/3	xxx
113	8	튀김	2000	2021/1/4	xxx
...	...	...	...	...	...
222	13	순대	3000	2021/4/5	xxx

그림 4.1 **식당 매출 데이터 예시**

이 중에 매출 식별 번호는 판매 거래가 이뤄졌을 때 생긴 고유 번호이므로 판매 거래를 구별할 수 있는 유일한 값이어야 한다. 그런데 동일한 거래 번호를 가진 매출 거래가 여러 개 있다든지 또는 매출 거래 고유 번호가 없이 공백Null으로 입력되어 있다면 거래 데이터 식별에 큰 문제가 생길 것이다. 또한, 판매 금액은 보통 숫자 형태 데이터이어야 하는데, '이만사천원'과 같은 문자 값이 입력되어 있다면 이 문자로 된 금액을 매출 금액으로 인정해야 할지에 대한 판단을 해야 한다. 이러한 간단한 매출 데이터뿐만 아니라 대용량의 데이터베이스를 관리하는 관점에서 기본 규칙이 지켜지지 않거나 필요한 데이터가 누락되는 등의 예외가 있다면 데이터베이스 운영에 큰 혼란을 줄 수 있다.

거래번호	메뉴번호	메뉴	금액	거래시간
101	1	김밥	5000	이천이십일년 팔월 구일
102	2	라면		2019/9/10
103	3	떡볶이	5000	2019/10/10
104	4	쫄면	오천원	2019/10/11
105	1	김밥	만원	2019/10/12
106	5	만두	3000	2019/10/11
107	2	라면	4000	10/11/2019

그림 4.2 **식당 매출 데이터 — 어떤 문제가 보이는가?**

데이터의 형태[7]**와 관리 기본 규칙**을 유지하는 것을 **데이터 무결성**이라고 한다. 일반적으로 사용하는 데이터베이스 시스템에서는 규칙에 어긋나거나 부적절한 형태의 데이터가 입력되는 경우와 필수 데이터가 누락되는 경우에 시스템이 이를 자체적으로 검사하고 문제를 해결하여 데이터의 품질에 결점이 없도록 유지한다. 즉, '무결성을 유지한다'라고 표현할 수 있다.

데이터 무결성은 데이터의 신뢰와 정확성을 나타내기 때문에 중요하다. 하지만 여러 소스로부터 데이터를 확보하였을 때 모든 데이터 세트에 무결성이 보장될 수 없다. 예를 들어, 조직 내의 데이터베이스로부터 매출 데이터를 확보하고 외부 소스로부터 소셜 네트워크 데이터를 확보하여 이를 종합하여 분석을 수행하고자 할 때 외부 소스에서 확보한 데이터에 무결성 문제가 있을 수도 있는 것이다.

---

7 예를 들어, 날짜가 입력되어야 하는 입력란에는 날짜 형태의 데이터가 들어가야 하고, 금액이 들어가야 하는 곳에는 숫자 형태의 금액 데이터가 누락 없이 들어가야 한다.

❷ 그렇다면 왜 데이터 품질에 문제가 있을까(무결성 오류의 원인)?

일반적으로 다음과 같은 이유로 데이터 품질, 즉 무결성에 문제가 발생할 수 있다.

- **사람에 의한 오류**　데이터 자체의 입력 오류
- **전송 오류**　데이터를 전송하는 과정(인터페이스)의 기술적인 문제로 데이터가 손상되거나 오류가 발생하는 경우
- **버그, 바이러스/악성 프로그램, 해킹 및 기타 사이버 위협**
- **장치 또는 디스크 충돌과 같은 하드웨어적 손상**

이 중 위에서 처음으로 언급한 **사람으로 인한 오류**로 발생하는 데이터 누락[8] 및 입력 오류의 원인은 다음과 같은 세 가지 일반적인 이유로 구분할 수 있다.

- 개인 정보 제공을 꺼리는 경우

    (**예** 소득 수치, 연락처 등)

- 데이터 포맷 자체가 데이터를 보관할 수 없어서 데이터가 입력되지 않은 경우

    (**예** 필수 필드가 없어서 정보 입력 자체가 불가능했던 경우)

- 데이터 수집 시 수집 대상과 관련이 없는 필드가 있는 경우

    (**예** 대부분의 응답자가 은퇴한 경우 소속 회사 정보는 대부분 비어 있을 것이다.)

💡 어떤 경우에 '사람에 의한 오류'로 데이터 누락이 발생할까? ━━━━━━━

여러분이 병원을 처음 방문하면 진료접수카드를 작성한다. 일반적으로 설문지 형태의 문서를 작성하게 되는데, 많은 사람이 설문지에서 요구한 모든 질문에 답변하지 않은 채 제출한다. 주소, 이름, 전화번호, 주민등록번호 등 필수 요청 정보 이외에는 다 기재하지 않고도 진료를 받을 수 있기 때문이다. 병원 관계자는 작성된 진료접수카드를 병원의 시스템에 입력하는데, 이때 환자가 제공하지 않은 정보는 어떻게 할까? 당연히 입력하지 않을 것이다. 완벽한 정보를 수집하여 보관하면 이상적이겠지만, 현실에서는 정보가 누락된 경우가 많다. 이처럼 데이터베이스에 정보를 수집 및 보관한다고 할 때 누락된 데이터, 공백 또는 불완전한 값이 있으면 데이터가 누락되었다고 볼 수 있다.

예를 들어, 다음과 같은 경우다.

8　데이터가 누락되었다는 것은 데이터의 값이 None, NaN, 빈칸으로 표시되는 경우를 말한다.

- 고객 관리 시스템(CRM)에서 성, 전화번호, 이메일 주소가 누락된 경우
- 직원 관리 데이터베이스에서 직원의 나이, 고용 연도, 급여 정보 등이 누락된 경우

진료접수카드

보다 좋은 진료를 위한 자료이므로 상세히 답해주십시오.

성 명		주민번호	
전 화		휴 대 폰	
주 소			
주요증상	(치료는? □ 아픈치아만 / □ 이상있는 곳 전부)		
병 력	□ 심장병 □ 고혈압 □ 당뇨 □ 간염 □ 결핵 □ 위염 □ 기타 ( )		
특이사항	□ 약물알레르기 □ 치아마취시 비정상적 경험 □ 발치시 비정상적 출혈 □ 발치시 열이 나고 부음		
내원경로	□ 지인소개 □ 광고 □ 입소문 □ 가까워서 □ 간판을 보고 □ 기타 ( )		
하고싶은 말씀			

그림 4.3 **수기로 데이터를 수집하는 예시(치과 진료접수카드)**

❸ 무결성 테스트 체크리스트

지금까지 데이터 품질을 판단하는 기준인 데이터 무결성의 배경지식에 대해서 알아보았다. 이제 본격적으로 데이터의 품질을 판단하기 위한 '데이터 무결성' 테스트 절차에 대해서 알아보자. 테스트를 위한 질문에 답하면서 무결성에 대해서 판단할 수 있다.

- **필드 검사**

  ☑ 필드가 올바르게 정의되었는가?

  ☑ 원하는 정보의 필드가 있는가?

  ☑ 무관한 데이터의 필드가 존재하는가?

  ☑ 손상된 데이터가 존재하는가?

고객 번호	이름	나이	주소	제품명
1	홍길동	35	서울	책
2	이순신	45	부산	수건
3	손오공	65	대구	옷
4	윤봉길	34	대전	신발
5	황진원	35	광주	컴퓨터
6	윤이나	26	목포	컵
7	윤나라	ÙûëῈà	안동	지갑

고객 정보 테이블에 제품명?

이상한 문자가 데이터에 포함?

그림 4.4 **무결성 테스트 ― 필드 검사 예시**

- **전체 행 개수 및 값 합계 검사**

  ☑ 데이터 원본의 전체 열 개수와 전달받은 데이터의 전체 열 개수가 일치하는가?

  ☑ 원본 데이터 필드 중에 숫자 값이 있다면 전달받은 데이터 전체 합계와 일치하는가?

원본 데이터

제품 번호	제품명	가격
1	책	100
2	수건	200
3	옷	300
...	...	...
9999	컴퓨터	300
10000	컵	200

전체 금액의 합산이 불일치?

받은 데이터

제품 번호	제품명	가격
1	책	100
2	수건	200
...	...	...
9998	컴퓨터	300
9999	컵	200

전체 열 수가 불일치?

그림 4.5 **무결성 테스트 ― 전체 행 개수 및 값 합계 검사 예시**

- **데이터 유형 불일치, 값 입력 방식의 변형 및 누락된 값 확인**

  ☑ 데이터 유형이 일치하지 않는가? (예를 들어, 년/월/일로 구성된 날짜 형태의 데이터 필드에 일/월/년의 데이터가 있는 경우)

  ☑ 숫자 단위 또는 통화 단위가 다른 경우가 있는가?

고객 번호	이름	생년월일
1	홍길동	1981/12/20
2	이순신	1985/08/23
3	손오공	1991/11/10
4	윤봉길	1978/08/10
5	황진원	01/20/1981
6	윤이나	2/28/79
7	윤나라	1981/12/20

제품 번호	제품명	가격
1	책	$100.00
2	수건	$200
3	옷	$300
…	…	…
9999	컴퓨터	₩100.00
10000	컵	$200

날짜 형식이 다른 값들과 다른가?

가격 통화 형식이 다른 값들과 다른가?

그림 4.6 무결성 테스트 — 데이터 유형 불일치, 값 입력 방식의 변형 및 누락된 값 확인 예시

- **데이터가 범위가 원하는 데이터 숫자 및 날짜 범위의 데이터인가?**

  ☑ 데이터가 의도한 범위 내에 있는가(데이터를 내림차순 또는 오름차순으로 정렬하여 확인한 결과, 요청했던 데이터 숫자 범위 또는 날짜 범위를 벗어난 경우가 있는가)?

이름	생년월일
A	1954/12/20
B	1985/08/23
C	1986/11/10
D	1987/08/10
E	1988/07/01
F	1989/09/02
G	1990/03/10
H	1991/02/10
I	1992/08/10
J	1993/01/10
K	2001/07/10

1980년~1999년에 출생한 고객의 리스트가 맞는지?

그림 4.7 무결성 테스트 — 데이터 범위 검사 예시

- **중복, 누락 값 및 이상 데이터 찾기**

  ☑ 누락 및 중복 데이터가 있는가?

  ☑ 상식에 벗어난 이상한 데이터가 있는가?

고객 번호	이름	생년월일
1	홍길동	1981/12/20
2	홍길동	1981/12/20
3	손오공	1991/11/10
4	윤봉길	
5	황진원	1999/11/10
6	윤이나	1981/2/31
7	윤나라	1981/12/20

중복 데이터가
존재하는가?

누락 데이터가
있는가?

상식에 벗어난 값이
존재하는가?

그림 4.8 **무결성 테스트 — 중복, 누락 값 및 이상 데이터 검사 예시**

4.2 데이터 전처리(클렌징)

지금까지 데이터 품질에 대해서 알아보았다. 데이터 품질을 확인한 이후 문제가 있다면 어떻게 해야 할까? 품질에 문제가 있는 데이터를 분석에 사용하게 되면 분석 과정에서 오류가 발생하거나 원하는 결괏값을 얻을 수 없다. 이를 해결하기 위해서는 분석에 적합하게 데이터를 가공하는 작업을 한 후 분석에 사용해야 한다. 확보한 데이터에 의미 없는 값이 포함되어 있거나 필요한 값이 누락되어 있는 등과 같은 변수가 있으면 데이터의 품질을 떨어뜨린다. 이를 적절한 작업을 통해 분석에 적합한 수준으로 만드는 과정을 데이터 전처리 또는 클렌징Cleansing 작업이라 한다. 건축자재를 구매한 후에 바로 사용하지 않고 검사를 먼저 하는 것도 같은 이유다. 불량 자재로 판정나면 폐기하거나 규격에 맞지 않는 자재는 사용에 적합하게 가공해야 한다. 데이터 전처리(클렌징) 작업 또한 이러한 사전 준비와 유사한 과정이라고 생각하면 쉽다.

4.2.1 데이터 전처리 방법

데이터 전처리는 데이터가 중복되거나 불완전한 데이터를 수정하거나 제거하는 프로세스다. 여러 데이터 소스를 결합할 때 데이터가 중복되거나 필드명이 잘못 지정될 가능성이 크다. 프로젝트의 목적과 성격, 환경이 각기 다르기 때문에 데이터 전처리의 절대적인 표준 방법은 없다. 하지만 일반적인 전처리 방법을 이해하고 프로젝트의 목적, 성격, 상황에 맞게 적절하게 적용하여 활용하면 된다.

❶ 중복되거나 관련 없는 데이터 제거

중복 또는 관련이 없는 데이터는 확인 후 제거한다. 중복 데이터는 데이터 검토 과정
에서 가장 자주 발견되는 오류다. 여러 소스에서 수집한 데이터 세트를 결합하거나
여러 부서에서 데이터를 확보하면 중복 데이터가 발생할 가능성이 크다. 중복 데이
터를 제거할 때 주의할 점은 실제로 중복된 데이터인지, 아니면 데이터상에서만 중
복된 것으로 판단되는지를 면밀하게 판단해야 한다. 예를 들어, 그림 4.9에서는 여러
중복된 데이터가 확인되는데, 중복의 기준을 '동일 제조사와 동일 모델'로 판단할 것
인지, 또는 '동일 제조사, 동일 모델, 동일 제조년'으로 판단할 것인지를 결정하여야
한다. 당연히 후자의 기준을 적용하였을 때 중복 데이터일 확률이 높을 것이다. 이
처럼 가능한 정보를 최대한 활용하여 중복 여부를 판단하고 제거 작업을 수행해야
한다.

제조사	모델	제조년
현대	소나타	2011
BMW	5 시리즈	1955
GM	볼트	2009
BMW	5 시리즈	1995
BMW	5 시리즈	2011
기아	소렌토	2001
현대	소나타	2009
GM	볼트	2009
GM	볼트	2003
현대	소나타	2009

그림 4.9 **제조사, 모델, 제조년 기준으로 중복된 데이터는 무엇일까?**

❷ 기술적 오류 또는 데이터 형식 오류 수정

구조적 오류는 데이터를 측정하거나 전송, 취합하는 과정에서 데이터 이름 규칙을 잘
못 적용하는 경우, 오타 또는 동일한 값을 다르게 표현할 경우에 발생한다. 예를 들
어, 지역명에 대한 데이터와 관련하여 '서울특별시', '서울시', '서울'은 모두 같은 대상

이지만 다르게 표시되어 다른 대상으로 인식될 수 있다. 이럴 때는 동일한 값으로 정정한 후 분석에 사용되어야 한다.

❸ 과도하게 벗어난 값 제거

한눈에 봐도 분석에 적합하지 않은 데이터 값이 있다. 상식적으로 벗어난 값인데, 이런 경우에는 그 이상한 값을 제거하여야 한다. 하지만 이상한 값이 존재한다고 반드시 그 값이 문제가 있다고 단정 지어서는 안 된다. 이 단계는 해당 값의 유효성을 확인하고 이상한 값으로 결론지을 만한 근거가 있고 분석 목적과 관련이 없는 것으로 판명된다면 제거하여 사용하는 것이 좋다.

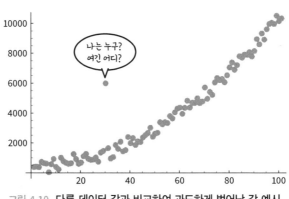

그림 4.10 **다른 데이터 값과 비교하여 과도하게 벗어난 값 예시**

❹ 누락된 데이터 처리

데이터가 누락된 경우가 있다면 분석 과정에서 에러가 발생할 수 있다. 이때는 누락된 데이터를 처리하여야 분석을 진행할 수 있다. 완벽한 데이터 자료를 활용하여 분석을 진행하는 것이 이상적이지만, 현실적인 한계로 취득한 데이터를 최대한 활용해야 하는 경우가 많다. 즉, 분석 과정에서 수집한 데이터 세트에 데이터가 누락된 경우에도 이를 이용하여 분석을 진행해야 한다. 취득한 데이터를 최대한 활용하기 위해서는 누락 또는 불완전한 데이터를 합리적인 수준에서 처리하여 다음 단계로 진행할 수 있다. 그림 4.11은 제품 정보를 보여주는 테이블에 가장 핵심 정보인 제품명과 가격이 일부 누락(NA로 표시)되어 있다. 이때 누락된 데이터가 분석 수행에 큰 영향을 주지 않는다면 데이터를 제거하고 사용해도 되지만, 분석에 반드시 필요한 제품명과 가격이 누락되었다면 데이터를 확인하고 빈 정보를 채워서 사용해야 한다. 누락 데이터 처리와 관련해서는 이어서 자세하게 알아보겠다.

제품 번호	제품명	가격
1	NA	
2	수건	NA
3		$300
…	…	…
9999	컴퓨터	
10000	컵	$200

그림 4.11 **필요한 데이터가 누락되어 있다면?**

⑤ **누락 또는 불완전 데이터 처리 방법**

지금부터 누락 또는 불완전 데이터를 어떻게 처리하는지에 대해서 알아보자.

- **구조적으로 데이터가 누락된 경우** 논리적으로 데이터가 원래 존재하지 않았기 때문에 데이터가 없는 경우

표 4.2 **구조적으로 데이터가 누락된 경우 예시**

이름	성별	나이	자녀 수
김유신	남	33	3
윤봉길	남	43	
유관순	여	22	

표 4.2에서 윤봉길과 유관순의 자녀 수 데이터가 누락되어 있다. 이 두 사람에게 자녀가 없다면 자녀 수 자체를 입력할 필요가 없었기 때문에 데이터 누락이 데이터 분석의 결과 자체에 영향을 주지 않는다. 이런 경우는 데이터를 대체하여 입력하지 않아도 된다.

- **무작위로 완전히 누락된 경우**Missing Completely At Random, MCAR 분석에 사용될 데이터와 누락된 데이터가 상호 의존성이 없는 경우

표 4.3 **무작위로 완전히 누락된 경우**

이름	성별	나이	학점
세종	남		3.0
태종	남		2.8
문종	남	16	2.3

표 4.3에서는 세종과 태종의 '나이' 데이터가 누락되어 있다. 데이터 분석의 목적이 대학생의 학업 성취도를 분석하는 것이라고 한다면, 누락된 데이터인 '나이'가 학생의 학업 성취도와 연관성이 없기 때문에 임의로 대학생의 평균 나이를 입력하고 분석의 다음 단계로 가더라도 분석 결과의 신뢰도에 영향을 미치지 않는다. 이런 경우에는 분석에 사용되는 중요 데이터와 누락된 데이터가 상호 의존성이 없어야 한다는 점을 잊지 말자.

- **무작위 누락**Missing At Random, MAR   상호 연관성이 있는 데이터가 누락된 경우

표 4.4 **무작위 누락 예시**

이름	성별	나이	학점	근무시간
김씨	남	14	3.0	3
박씨	남		2.8	3
최씨	남	16	2.3	5
윤씨	남		2.7	3
엄씨	여		3.0	4

표 4.4를 보면, 나이와 학점 사이에는 직접적인 연관 관계가 없지만 학생이 아르바이트 근무를 하는 경우에는 학점에 직접적인 영향을 줄 수도 있을 것이다. 분석을 수행하는 과정에서 14세 이상의 학생들이 아르바이트를 하는 시간 때문에 학습에 사용하는 시간과 에너지 등에 영향을 미쳐 학업 점수가 낮을 수 있다고 결론을 내릴 수 있다. 따라서 학점과 근무시간 사이에 특정 상관관계가 있다고 추정할 수 있다. 이런 상관관계를 파악한다면 누락된 데이터를 그 상관관계와 연관시켜서 추정할 수 있고, 누락된 데이터에 추정값을 사용할 수도 있다. (예를 들어, 학점이 낮을수록 아르바이트 근무 시간이 많다고 추정할 수 있다.) 이러한 추정을 사용할 경우 여러 변수를 고려하여 예상치의 오차를 최소화하여야 한다.

- **의도적 누락**Missing Not At Random, MNAR 의도적으로 데이터가 누락된 경우

응답을 거부하는 사람들의 경우인데, 예를 들어 14세 미만 아동은 법적으로 일하는 것이 허가되지 않기 때문에 실제 근무 시간을 알려주지 않을 수 있다. 이런 경우는 분석 결과 도출에 있어서 문제가 많다. 따라서 이 경우에는 데이터를 사용하지 않고 삭제하거나 분석에서 배제하는 것이 적절한 방법이다.

4.3 마무리

이번 장에서는 데이터 품질 검증과 전처리에 대해서 다루어 보았다. 이번 장을 요약하자면 다음과 같다.

- **무결성 테스트를 통해 데이터 품질을 확인한다.**
  - ☑ 필드 확인
  - ☑ 전체 행 개수 및 값 합계 확인
  - ☑ 데이터 유형 불일치, 값 입력 방식의 변형 및 누락된 값 확인
  - ☑ 데이터 범위 확인
  - ☑ 중복, 누락 값 및 이상 데이터 확인

- **데이터 품질을 확인 후 필요에 따라 데이터 전처리를 수행한다.**
  - ☑ 과도하게 벗어난 값과 중복 데이터 제거
  - ☑ 기술적, 형식적 오류 수정
  - ☑ 누락된 데이터의 적절한 처리

프로젝트의 성격과 환경, 그리고 확보한 데이터의 품질 수준은 모두 다르다. 그렇기 때문에 정해진 표준화된 품질 기준과 전처리 방법을 적용할 수 없으며, 핵심은 데이터 품질 확인과 전처리 과정은 누구나 수긍할 수 있도록 논리적이면서 합리적이어야

한다는 것이다. 완벽한 데이터를 확보하는 것은 현실적으로 불가능하기 때문에 여러 형태의 가정과 추론이 필요하다. 확보한 정보로부터 파악한 상관관계 또는 합리적 추정으로 누락된 데이터를 처리하고 중복된 데이터를 확인하고 제거해야 하는데, 이 모든 과정은 근거와 논리가 있어야 한다. 이를 고려하여 앞서 소개한 데이터 품질 검사와 전처리 과정을 유연하게 적용 및 사용하기를 권한다.

05

데이터 분석 도구
소개

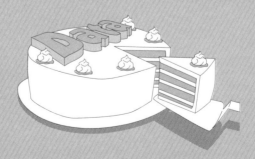

5.1 데이터 분석 도구를 사용하기에 앞서 생각해 볼 것들

이번 장에서는 데이터 분석 프로젝트를 수행할 때 사용할 수 있는 분석 관련 도구들에 대하여 알아볼 것이다. 효과적인 분석 도구 사용을 위해서는 도구를 사용하기 전에 자신이 실행하는 여러 분석 도구의 기능들이 분석의 목적과 어떻게 연결되어 있는지, 내재된 통계적인 기초 원리는 무엇인지 등에 대한 고찰이 필요하다. 고찰이 결여된 분석 도구 사용과 결과들은 보는 이들을 피로하게 할 수 있고, 분석을 수행한 사람조차도 이를 명확하게 설명하지 못하는 상황이 발생할 수가 있다. 예를 들면, 매달 자동차 판매량의 평균치에 대하여 95% 신뢰구간을 통계 프로그램을 통해 보여준다면, 통계의 지식이 없는 청중들에게는 어렵게 전달될 수도 있을 것이다. 이럴 때는 엑셀을 이용한 간단한 막대 차트나 라인 차트만으로도 통계에 대한 배경지식이 없는 사람들도 결과를 쉽게 이해하고 합리적인 의사결정을 논의할 수 있을 것이다. 지금부터는 다양한 분석 도구 중 자신의 프로젝트에 맞는 도구를 선택하는 방법에 대해서 이야기해 보자.

5.2 프로젝트에 맞는 데이터 분석 도구 선택 방법

데이터 분석 도구는 실질적으로 데이터를 다룰 수 있는 모든 종류의 소프트웨어, 프로그램, 플랫폼 등을 포함한다. 간단한 엑셀 스프레드시트부터 프로그래밍 코딩을 필요로 하는 파이썬까지 그 범위는 광대하다. 이러한 데이터 분석 도구에는 매우 다양한 옵션이 존재한다. 광범위한 옵션 때문에 자신이 처한 프로젝트에 어떠한 도구를 사용하면 좋을지 쉽게 떠오르지 않을 수 있다. 지금부터는 데이터 분석 입문자가 적합한 도구를 선택하는 합리적인 의사결정을 돕기 위해 카테고리별로 주요 분석 도구들의 차이를 소개하고자 한다.

5.2.1 이 장에서 다룰 10가지 데이터 분석 도구들

무수한 데이터 분석 도구들 중 이 장에서 다룰 10가지 도구를 표 5.1에 항목별로 정리했다. **통계 분석**에서 주로 사용하는 엑셀, R, SAS, SPSS에 대해서 다룰 것이고, **비즈니스 인텔리전스**Business Intelligence, BI[9] 도구로 자주 사용되는 파워 비아이, 클릭 센스, 태블로에 대해서 소개할 것이다. 마지막으로, 프로그래밍 언어로 인기를 얻고 있는 파이썬, 매트랩, SQL에 대해 다루어 보고자 한다.

표 5.1 **통계 분석, 비즈니스 인텔리전스, 프로그래밍 언어로 자주 사용되는 데이터 분석 도구들**

	통계 분석	비즈니스 인텔리전스	프로그래밍 언어
도구	• 엑셀(Excel) • R • SAS • SPSS	• 파워 비아이(Power BI) • 클릭 센스(Qlik Sense) • 태블로(Tableau)	• 파이썬(Python) • 매트랩(MATLAB) • SQL

5.3 데이터 통계 분석 도구

이번 절에서는 데이터 분석 도구 중 통계적 분석을 주로 수행하는 대표적인 도구들에 대해서 다루어 보자. 데이터의 양이 폭발적으로 증가하는 빅데이터의 시대가 도래하면서 통계 분석 도구들도 이러한 요구를 충족시키기 위해 함께 발전해 왔다. 기존의 전통적인 통계 분석 방법에서 더 나아가 빅데이터를 효율적으로 다룰 수 있는 기능들이 추가되고 있다. 특히, 미리 정의된 다양한 통계 패키지와 데이터 처리 기능들이 제공되면서 사용자는 통계 프로그래밍 언어를 짜는 데 시간을 소요하는 대신에 분석 자체에 더욱 집중할 수 있도록 변하고 있다. 예를 들면, 배송 업체에서 평균 배송 시간의 분포나 추이를 보고 싶거나, 배송 시간이 고객의 만족도와 어떠한 관계가 있는지 등에 대해 정량적으로 해석하고 싶을 때 이러한 통계 분석 도구 사용이 고려될 수 있다. 지금부터는 현재 시장에서 가장 널리 쓰이는 통계 분석 도구들을 소개하고 이들 간에는 어떠한 장단점이 존재하는지 다루어 보겠다.

---

9 기업에서 데이터를 수집, 분석하고 합리적인 의사결정을 할 수 있도록 도와주는 도구(시스템)를 말한다.

현재 현장에서 널리 사용되는 통계 분석 도구를 꼽으라면 **엑셀, R, SAS, SPSS**로 정리할 수 있다. 우선, 각각의 통계 분석 도구의 특징에 대해서 살펴보자.

- **엑셀**Excel은 스프레드시트를 사용하여 데이터를 항목별로 분류 및 정돈해 주는 데이터베이스 역할, 데이터에 대한 통계 분석 작업, 차트를 통한 시각화, 연산 작업 등 다양한 작업을 할 수 있다.

- **R**은 통계 분석, 데이터 시각화, 데이터 사이언스 분야에서 널리 사용되는 프로그래밍 언어를 주 기반으로 하는 분석 도구다. 프로그래밍을 통하여 자유로운 통계 분석 기법 적용 및 데이터 처리가 가능하고, 그래프를 활용하여 데이터를 시각화할 때도 자주 사용된다.

- **SAS**는 미국의 연구소에서 개발된 통계 분석 패키지로서 통계 분석, 데이터 관리 및 처리가 쉽게 디자인되어 있다. 주로 간단한 프로그래밍 명령문을 통해 분석을 수행하게 된다. 특화된 기능에 따라 여러 개의 제품군으로 구성되어 있다.

- **SPSS**는 IBM의 통계 분석 프로그램으로, 사회과학 분야 연구자들을 위한 소프트웨어로 시작하였지만 현재는 비즈니스 분야까지 영역이 널리 확장되었다. 그래픽 사용자 인터페이스를 통해 프로그래밍 지식이 없어도 쉽게 사용할 수 있도록 설계되어 있다.

그림 5.1 **통계 분석 도구들(엑셀, R, SAS, SPSS)**

5.3.2 엑셀, R, SAS, SPSS의 비교

그렇다면 이 네 가지 통계 분석 도구에는 어떠한 장단점이 있을까? 표 5.2를 통해 살펴보자.

표 5.2 **자주 사용되는 통계 분석 도구의 장단점**

통계 분석 도구	장점	단점
엑셀	• 쉽게 배울 수 있다. • 가격이 저렴하다. • 다른 프로그램들과 연동이 수월하다. • 데이터 정리에 효과적이다.	• 수작업으로 데이터 기입 시 시간이 오래 걸린다. • 대용량 데이터를 처리하는 데 시간이 오래 걸린다. • 계산 에러가 발생하기 쉽고 그것을 찾기가 어렵다.
R	• 사용자층이 넓어 정보 공유가 쉽다. • 무료로 사용할 수 있다. • 데이터 소스와 연동이 쉽다. • 공개된 코드가 많다.	• 빅데이터를 사용하면 성능이 느려지고, 용량에 제한이 있다. • 배우는 데 초기에 시간이 걸린다. • 공식적인 지원이 없다. • 사용자 인터페이스가 다소 어렵다.
SAS	• 산업체에서 널리 쓰인다. • 분석 흐름에 맞는 직관적 인터페이스다. • 공식 지원을 받을 수 있다 • 대용량 데이터를 다루기가 수월하다.	• 비교적 가격이 높다. • 프로그래밍 언어를 요구할 때가 있다. • 배우는 데 시간이 걸린다. • 시각화를 하려면 다른 프로그램을 사용해야 한다.
SPSS	• 산업체에서 널리 쓰인다. • 사용자 인터페이스가 잘 설계되어 있다. • 복사 및 붙이기 기능을 이용해 프로그래밍 언어 작성이 쉽다. • 공식 지원을 받을 수 있다.	• 비교적 가격이 높다. • 기능에 따라 다른 라이선스를 요구한다. • 배우는 데 시간이 걸릴 수 있다. • 대용량 데이터를 처리하면 속도가 저하된다.

❶ 장점

• **엑셀**은 누구나 쉽게 배우고 빠르게 사용할 수 있다는 장점이 있다. 가격 역시 저렴한 편이다. 엑셀은 데이터를 정리하고 처리하는 데 가장 널리 사용되는 도구다. 상당수의 소프트웨어가 엑셀 파일을 불러오는 데 문제가 없도록 설계되어 있어 호환성이 좋다. 엑셀 특유의 행렬 플랫폼은 데이터를 체계적으로 정리하기에 효과적이다.

• **R**은 사용자층이 넓기 때문에 커뮤니티들을 적극적으로 활용하여 궁금한 정보들을 얻을 수 있다. 오픈소스 형태로 무료 사용이 가능하고 엑셀과 같은 데이터 소스들과 연동이 쉽게 설계되어 있다.

- **SAS**는 산업현장에서 널리 사용되는 소프트웨어다. 통계 분석의 흐름을 따라가도록 설계된 직관적 인터페이스가 강점이다. 라이선스를 보유하게 되면 공식적인 지원을 받을 수 있다. 대용량의 데이터를 다루는 데도 수월하게 구축되어 있다.
- **SPSS**는 SAS와 마찬가지로 산업현장에서 널리 사용되고 인터페이스가 사용하기 쉽게 설계되어 있다. 특히, 복사 및 붙이기 기능을 활용해서 기존의 프로그래밍 언어를 그대로 사용하거나 수정할 수 있다. 라이선스를 보유하면 공식 지원을 받을 수 있다.

❷ 단점

- **엑셀**은 데이터 기입을 수작업으로 진행하면 오랜 시간이 소요된다. 대용량 데이터를 처리할 때도 연산속도가 느리다. 수식을 활용해 계산 작업을 할 때도 사용자의 에러를 발견하기가 쉽지 않다.
- **R**은 대용량 데이터를 분석할 때 연산 속도가 저하된다. 프로그래밍 언어가 주로 사용되므로 초기에 학습하는 데 시간이 걸린다. 오픈 플랫폼을 사용하므로 공식적인 지원이 없다. 프로그래밍 언어 기반으로 설계되어 있어서 사용자 인터페이스가 다소 어려울 수 있다.
- **SAS**는 라이선스를 구매해야 하는데, 비교적 가격이 높다. 고급 기능을 사용하는 경우 프로그래밍 언어를 요구할 때가 있다. 그래서 초기에 친숙해지는 데 학습 시간이 소요될 수 있다. 전문적인 데이터 시각화를 구현하고 싶으면 다른 프로그램을 같이 사용해야 한다.
- **SPSS**는 SAS와 마찬가지로 라이선스 구매가 필요한데, 가격이 다소 높은 편이다. 특화된 기능에 따라 다른 라이선스들을 요구한다. 초기에 도구에 익숙해지는 데 시간이 걸릴 수 있다. 대용량 데이터를 처리하면 연산 속도가 느려지는 단점이 있다.

❸ 결론은?

요약해 보면, **쉽게 배우고 쉽게 사용 가능한지**, **가격**, **빅데이터 처리 속도**, **다른 프로그램들과의 호환성** 등에 대해 각 도구마다 고유의 장단점을 지니고 있는 것을 볼 수 있다.

표 5.2를 바탕으로 미루어 볼 때 이러한 모든 것을 최고로 만족하는 챔피언은 아직 존재하지 않는 것으로 보인다. 본인이 참여한 프로젝트의 자원과 목적에 알맞은 도구를 선택하는 것이 바람직할 것이다. 예를 들면, 깊이 있는 통계 분석이 요구되지 않는 프로젝트라면 엑셀을 사용해도 충분한 결과를 도출할 수 있을 것이고, 통계 소프트웨어 입문자는 SAS나 SPSS를 사용하면서 공식적인 지원을 받을 수도 있을 것이다.

데이터 분석 도구를 결정할 때 고려할 것들

1 목적을 명확히 하자

데이터 분석 도구들이 할 수 있는 역량에 대해 집중하기보다는 참여한 분석 프로젝트 과제에서 어떠한 것들을 중점적으로 필요로 하는지에 대해 고민하는 것이 중요하다. 프로젝트를 통해 구현해 내고 싶은 것, 해결하고 싶은 문제, 프로젝트가 줄 수 있는 영향력을 명확히 설계한다면 그에 걸맞은 도구 선택의 폭을 좁힐 수 있다.

2 비슷한 유사 프로젝트 사례를 참조하자

본인이 속한 산업체와 비슷한 영역에서 어떠한 분석 도구, 플랫폼이 사용되고 있는지에 대한 조사가 필요하다. 예를 들면, 마케팅 산업에서는 경쟁사에서 사용하는 검색 엔진이 고객의 만족도에 얼마나 영향을 미치는지가 주 관심사일 것이고, 금융업계에서는 신용 사기를 발견하고 차단하는 것에 더욱 관심이 많을 것이다.

3 분석 도구 사용자가 누구일지 생각해 보자

데이터 도구를 사용하고 결과를 공유할 때 가능한 한 조직의 구성원 모두가 쉽게 이해하고 참여할 수 있는 것이 좋다. 조직의 다른 역할을 가진 구성원들이 분석 도구를 얼마나 다채롭고 효율적으로 활용할 수 있을지에 대한 그림을 그려보는 것이 좋다.

5.4 비즈니스 인텔리전스 도구

지금부터는 비즈니스 인텔리전스 도구에 대해 중점적으로 다루어 보자. 데이터 시각화가 가장 흔하게 사용되는 곳은 **비즈니스 인텔리전스**Business Intelligence, BI 도구다. 예를 들면, 기업체에서 상반기 성과 분석 발표를 할 때 데이터 대시보드, 차트, 그래프, 지도 등의 데이터 시각화를 통해 결과를 설명하는 방법이 널리 사용된다. 이러한 일련의 과정에서 데이터 시각화 도구는 사용하기 간편하고 이해관계자들에게 효과적인 의사 전달을 돕기 때문에 활발히 사용되고 있다. 그렇다면 현재 시장에서 가장 흔히 사용되는 몇 가지 비즈니스 인텔리전스 도구에 관해 이야기해 보자.

5.4.1 가장 흔하게 사용되는 비즈니스 인텔리전스 도구들은?

데이터 시각화에 가장 많이 사용되는 세 가지의 비즈니스 인텔리전스 도구는 **파워 비아이, 클릭 센스, 태블로**다. 각 도구 간의 비교를 하기에 앞서 각각의 도구에 대해 알아보자.

- **파워 비아이**Power BI는 마이크로소프트의 자체적인 비즈니스 인텔리전스 도구다. 즉, 마이크로소프트의 다른 플랫폼들과 호환이 잘된다는 강력한 장점이 있다. 예를 들면, 마이크로소프트 엑셀과 쉽게 연동되어서 시각화 구현을 할 수 있다.

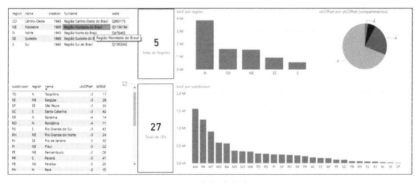

그림 5.2 **파워 비아이 예시**

- **클릭 센스**Qlik Sense는 사용자들이 빅데이터를 쉽게 불러오고 시각화할 수 있도록 도와주는 도구다. 대용량 데이터의 가공되지 않은 자료들을 데이터 시각화 기능을 통해 의미 있는 정보로 만든다.

- **태블로**Tableau는 현존하는 가장 인기 있는 비즈니스 인텔리전스 도구 중 하나다. 매우 쉬운 사용자 인터페이스를 제공하여 시각화를 최대한 발휘할 수 있도록 도와준다. 또한, 데이터를 직접 분석할 수 있는 기능들을 탑재하고 있다. 그 외에도 동적인 데이터 시각화, 웹을 기반으로 한 리포트 공유 등 다양한 기능이 있다.

그림 5.3 **태블로 예시**

파워 비아이, 클릭 센스, 태블로의 비교

그렇다면 파워 비아이, 클릭 센스, 태블로 비즈니스 인텔리전스 도구 간에는 상대적으로 어떠한 장단점이 존재할까? 표 5.3은 시각화, 고급 분석, 클라우드, 데이터 용량 항목들을 기준으로 분류를 수행한 것이다. 지금부터 각각의 항목에 대해서 자세히 다뤄보겠다.

표 5.3 **자주 사용되는 비즈니스 인텔리전스 도구의 비교**

항목	파워 비아이(Power BI)	클릭 센스(Qlik Sense)	태블로(Tableau)
시각화	사용하기 쉬운 플랫폼	셀프서비스 분석 도구	뛰어난 그래픽과 시각화 기능
클라우드	마이크로소프트 애저(Azure)와 호환	SaaS 클라우드 사용 가능	애저나 아마존 AWS 등의 클라우드 플랫폼과 호환
데이터 용량	10GB(클라우드)	500GB(클라우드)	100GB(클라우드)

❶ 시각화

시각화 능력치 면에서 보자면, 도구마다 특별한 장점이 존재한다.

- **파워 비아이**는 시각화를 구현하기 매우 쉽게 설계되어 있다. 가트너Gartner의 2018년 리포트[10]에서 비즈니스 인텔리전스 도구들 중 가장 사용하기 쉬운 도구로 평가받은 바 있다.

- **클릭 센스**의 장점은 셀프서비스 분석에 있다. 셀프서비스 분석이란, 소프트웨어 내부에 메모리 저장 엔진이 탑재되어 있어 데이터가 업데이트되면 자동으로 시각화도 변하는 것을 말한다.

- **태블로**의 장점은 뛰어난 그래픽으로 시각화를 한층 돋보이게 해주는 데 있다. 가트너의 2018년 리포트에서 가장 매력적이고 직관적인 시각화 도구로 평가받은 바 있다.

❷ 클라우드

- **파워 비아이**는 앞서 언급한 대로 마이크로소프트의 애저Azure[11]와 호환된다. 클라우드 계정만 보유하고 있으면 클라우드 공간 내에서 자유로운 데이터 분석과 시각화가 가능하다.

- **클릭 센스**는 SaaS[12] 클라우드를 제공한다.

- **태블로**는 마이크로소프트의 애저나 아마존 AWS[13]와 같은 클라우드 플랫폼들과 연동할 수 있다.

❸ 데이터 용량

- **파워 비아이**는 클라우드 서비스를 제공하고 개인용 최대 10GB까지 클라우드의 용량을 허가한다. 그 이상의 데이터 용량을 사용하고 싶으면 추가로 비용을 지불하면 된다.

- **클릭 센스**는 클라우드 공간에서 최대 500GB까지 용량을 허용한다.

- **태블로**는 클라우드상의 사이트 저장소에서 최대 100GB까지 용량을 제한하고 있다.

---

10 2018년 Gartner Magic Quadrant 분석 및 비즈니스 인텔리전스 플랫폼 부문 리포트에서 기술하였다.
11 마이크로소프트에서 만든 클라우드 컴퓨팅 플랫폼으로, 2010년에 시작되었다.
12 서비스로의 소프트웨어(Software as a Service, SaaS)로서 사용자에게 구축된 IT 인프라 및 플랫폼을 제공
13 아마존의 클라우드 서비스(Amazon Web Service, AWS)

❹ 결론은?

결론은 독보적인 비즈니스 인텔리전스 도구를 하나로 꼽기는 어렵다고 할 수 있다. 앞서 설명했듯이 도구마다 특화된 장점이 존재하기 때문이다. 자신이 참여하게 된 데이터 분석 프로젝트의 특성에 맞춰서 가장 근접한 장점을 가진 비즈니스 인텔리전스 도구를 사용하기를 추천한다. 예를 들면, 마이크로소프트 제품을 많이 사용하는 조직이라면 호환성이 높은 파워 비아이의 사용을 고려할 수 있을 것이다. 화려한 데이터의 시각화를 결과 보고서에 보이는 것을 강점으로 내세우는 조직이라면 태블로의 사용을 고려해 볼 만할 것이다.

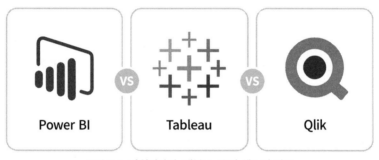

그림 5.4 **파워비아이, 태블로, 클릭 센스의 비교**

5.5 프로그래밍 언어 기반 도구

마지막으로, 프로그래밍 언어 기반 도구들에는 어떠한 것들이 있는 살펴보자. 프로그래밍 언어는 데이터를 다룰 때 다양한 방법으로 시도할 수 있는 유연성을 제공한다. 주로 글자, 숫자, 기호를 활용하여 약속된 명령어를 수행하게 된다. 지금부터는 현재 필드에서 가장 많이 사용되는 몇 가지 프로그래밍 언어 기반 도구들에 대해 소개하고자 한다.

자주 사용되는 도구는 **파이썬, 매트랩, SQL, R**로 정리할 수 있다. R은 앞의 통계 분석 도구에서 이미 설명한 관계로 본 절에서는 제외하기로 한다. 우선, 각각의 도구에 대해서 알아보자.

- **파이썬**Python은 프로그래밍 언어로, 컴퓨터 프로그래밍 교육부터 기업의 실무에 이르기까지 다양한 사용자층을 보유하고 있다. 공동 작업이나 유지 보수가 쉬운 장점이 있어서 사용자층이 더욱 넓어지고 있다. 데이터 처리 용량은 앞서 언급한 R과 같이 RAM의 크기에 따라 MB(메가바이트)에서 TB(테라바이트)까지 처리할 수 있다.

```python
def add5(x):
    return x+5

def dotwrite(ast):
    nodename = getNodename()
    label=symbol.sym_name.get(int(ast[0]),ast[0])
    print '    %s [label="%s' % (nodename, label),
    if isinstance(ast[1], str):
        if ast[1].strip():
            print '= %s"];' % ast[1]
        else:
            print '"]'
    else:
        print '"];'
        children = []
        for n, child in enumerate(ast[1:]):
            children.append(dotwrite(child))
        print '    %s -> {' % nodename,
        for name in children:
            print '%s' % name,
```

그림 5.5 **파이썬 예시**

- **매트랩**MATLAB은 프로그래밍이 가능한 공학용 소프트웨어다. 수치 계산이나 데이터의 시각화가 필요한 과학 및 공학 분야에서 널리 사용된다. 데이터 처리 용량은 R과 같이 RAM의 크기에 따라 MB(메가바이트)에서 TB(테라바이트)까지 처리할 수 있다.

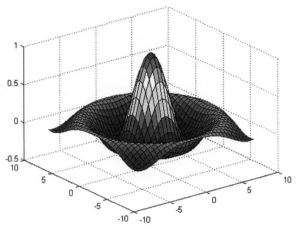

그림 5.6 **매트랩 예시**

- **SQL**은 데이터베이스에서 데이터를 정의, 조작, 제어할 때 사용되는 특수 목적의 프로그래밍 언어다. 많은 데이터베이스 관련 프로그램들이 SQL을 기본으로 사용하고 있다.

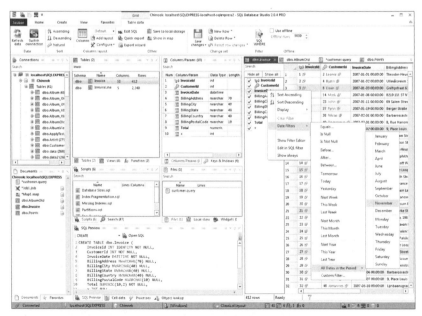

그림 5.7 **SQL 예시**

파이썬, 매트랩, SQL의 비교

지금부터는 각 프로그래밍 언어 기반 도구의 장단점에 대해서 알아보자. 표 5.4에 주목적, 비용, 난이도, 장점, 단점 항목에 대하여 정리하였다.

표 5.4 **자주 사용되는 프로그래밍 언어 기반 도구의 비교**

	파이썬	매트랩	SQL
주목적	• 일반적 프로그래밍 • 데이터 분석 • 반복된 작업 • 딥러닝	다양한 공학 분야 적용 (⬥ 이미지 처리, 행렬 연산, 머신러닝, 신호 처리)	• 데이터베이스 처리 • 쿼리[14] • 데이터 추출
비용	• 무료, 오픈 소스	• 유료 소스만 존재	• 무료와 유료 소스 모두 존재
난이도	• 쉽게 배울 수 있음	• 툴박스들을 사용해 어려운 기능을 쉽게 구현 가능함	• 기초 단계는 상대적으로 쉬움 • 고급 단계에서는 난이도가 올라감
장점	• 쉽게 사용 가능 • 필드에서 널리 사용됨 • 다양한 분야에 적용 가능	• 툴박스에 내재된 사전 정의된 기능들을 활용할 수 있음 • 에러를 발견하고 고치기 수월함	• 언어를 이해하기 매우 쉽게 설계 되어 있음 • 데이터베이스의 처리가 신속함
단점	• 수행 속도가 느림 • 모바일 기기 연산에 적용하기엔 어려움이 있음	• 라이선스를 구매해야만 지원을 받을 수 있음 • 수행 속도가 느림	• 특정 분야에만 사용되도록 설계 되어 있어 일반화가 어려움 • 빅데이터를 다루기에 한계가 있음

❶ 주목적

• **파이썬**은 다양한 분야에 적용할 수 있도록 일반적인 프로그래밍 언어를 사용하고 있다. 데이터 분석이나 반복된 작업을 자동으로 수행할 때 주로 사용되고 있다.

• **매트랩**은 다양한 공학 분야의 연구에 적용되고 있다. 예를 들면, 이미지 처리, 행렬 연산, 머신러닝, 신호 처리와 같은 데이터를 처리 및 분석하는 과정에 많이 쓰인다.

• **SQL**은 데이터베이스를 처리하거나 유의미한 정보를 추출하는 경우에 주로 사용된다.

---

14 쿼리(Query)는 데이터베이스에 특정 정보를 요청하는 것이다.

❷ 비용

- **파이썬**은 오픈 소스이므로 무료로 사용할 수 있다.
- **매트랩**은 유료 소스만 존재해서 라이선스를 구매해야 한다.
- **SQL**은 무료와 유료 소스가 모두 존재하여 사용자가 상황에 맞게 선택할 수 있다.

❸ 난이도

- **파이썬**은 일반적인 프로그래밍 언어로 설계되어 있어서 쉽게 배울 수 있다.
- **매트랩**은 사전에 구축된 툴박스들이 다양하게 존재하여 어려운 데이터 분석도 쉽게 구현할 수 있다.
- **SQL**은 기초 단계의 학습은 상대적으로 쉬운 편이나 고급 단계로 올라가면서부터는 학습하는 데 시간이 걸린다.

❹ 장점

- **파이썬**은 앞서 언급한 대로 누구나 쉽게 배울 수 있다. 이러한 이유로 현업에서 널리 사용되고 있다. 일반적인 프로그래밍 언어를 사용하므로 다양한 분야에 적용될 수 있다.
- **매트랩**은 툴박스에 내재된 사전 기능들을 잘 활용하면 데이터 분석의 효율성을 높일 수 있다. 프로그래밍 에러를 발견하고 수정하기 쉽도록 설계되어 있다.
- **SQL**은 프로그래밍 언어가 영어 단어와 문장을 기본으로 문법화되어 있어서 쉽게 이해하고 작성할 수 있다. 데이터베이스에서 데이터를 추출하거나 불러오는 작업이 신속히 이루어지는 장점이 있다.

❺ 단점

- **파이썬**은 수행 속도가 전반적으로 느리다. 모바일 기기에 연산 작용을 적용하기에는 비효율적으로 설계되어 있다.
- **매트랩**은 라이선스를 유료로 구매해야만 적극적인 지원을 받을 수 있다. 사전 정의된 기능들로 인해 수행 속도가 다소 느린 편이다.

- SQL은 비즈니스 분석과 같은 특정 분야에 더 적합하도록 설계되어 있어 일반화가 어렵다. 대용량 데이터를 다루기에는 한계가 있다.

⑥ 결론은?

파이썬, 매트랩, SQL은 항목별로 고유한 특징이 있음을 알 수 있다. 각 도구의 주목적을 처음부터 이해해서 참여하는 데이터 분석 프로젝트에 가장 적합한 도구를 추려내는 것이 우선시되어야 한다. 예를 들면, 데이터들을 추출하고, 합치고, 정리하는 작업이 앞으로의 주된 업무라면 SQL의 사용을 고려해 볼 수 있고, 장기적으로 데이터 처리뿐만 아니라 데이터 분석까지 업무를 확장할 계획이라면 파이썬을 익히는 것이 더 효율적일 것이다.

데이터 분석 유형에 따른 데이터 도구 선택

본인이 수행하고자 하는 프로젝트의 분석 유형에 따라서 적합한 도구를 선택해 볼 수 있다. 앞서 언급했던 바와 같이 네 가지의 데이터 분석 유형인 설명적 분석, 진단 분석, 예측 분석, 처방적 분석으로 구분해 볼 수 있다.

1 설명적 분석

설명적 분석은 지나간 과거 데이터를 분석해서 과거의 현상을 파악하는 행위인데, 앞에서 언급한 모든 통계 분석 도구들(엑셀, R, SAS, SPSS)과 비즈니스 인텔리전스 도구들(파워 비아이, 클릭 센스, 태블로)을 사용할 수 있다. 프로그래밍 언어 도구들(파이썬, 매트랩, SQL)을 사용하면 데이터 수집의 효율성을 높일 수 있다.

2 진단 분석

진단 분석은 과거 데이터를 토대로 인과 관계를 파악해 내는 것으로, 모든 통계 분석 도구들(엑셀, R, SAS, SPSS)과 비즈니스 인텔리전스 도구들(파워 비아이, 클릭 센스, 태블로)을 사용할 수 있다.

3 예측 분석

예측 분석은 통계적 지식을 바탕으로 미래에 발생할 일들을 확률적으로 계산하는 것으로, 통계 분석 도구들(엑셀, R, SAS, SPSS)의 사용을 우선적으로 고려할 수 있다.

4 처방적 분석

처방적 분석은 앞서 언급한 기술적 분석, 진단적 분석, 예측 분석의 자료를 토대로 미래를 대비할 수 있는 처방을 고찰하는 것이다. 효과적인 의사결정을 위해 비즈니스 인텔리전스 도구들(파워 비아이, 클릭 센스, 태블로)의 사용을 우선적으로 고려할 수 있다.

기후 변화도 예측할 수 있을까?

기후 변화로 인해 전 인류에게 미치는 자연재해는 이제 먼 미래의 일이 아니다. 특히, 최근의 기후 변화는 더욱 불규칙하며 예측의 어려움은 더욱 심해지고 있고, 지구에 거주하는 인간의 삶에 큰 영향을 미친다. 이러한 배경으로 데이터 과학자들은 기후 변화로 인류에게 끼치는 영향을 정확하게 분석하려는 시도가 이어지고 있다.

그 예로, 기후 영향이 전 세계적으로 세계 식량 생산에 어떻게 영향을 미치는지를 수치화하고 분석하는 시도가 이어지고 있다. 그 과정에서 기후 변화로 인한 주요 작물 생산의 변화를 계산하고자 하는데, 이를 위해서 온도 및 강수량을 포함한 가용할 수 있는 모든 데이터를 활용한다. 그리고 이산화탄소가 식물의 성장에 얼마나 영향을 미치는지, 그리고 기후 변화에 영향을 미치는 다양한 불확실한 요소까지 고려한다. 작물의 생산 예측은 기후, 토양, 지역에 따라 다르기 때문에 그 난이도 또한 높다. 지역에 따라 어떠한 작물이 잘 자랄지, 그리고 그해에 작황이 나쁠지 등이 큰 관심이고, 데이터 시각화를 통해 전체적인 트렌드를 쉽게 파악할 수 있게 만들면 다양한 지역의 생산량을 비교할 수도 있다.

이와 유사하게 데이터 분석을 통해 산불 예측 시스템을 구축할 수도 있다. 습도, 온도 변화, 지역에 따라 산불 가능성을 예측할 수 있는데, 이를 통해 산불로 인한 동물, 식물 그리고 인명 피해를 최소화하기 위한 대책을 세울 수 있다. 앞에서 언급한 기후 변화 데이터를 활용하면 산불 예측 모델의 정확도를 높일 수 있다.

CHAPTER

06

데이터 시각화
차트 사용법

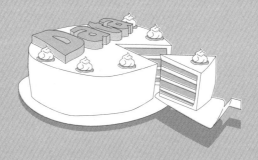

'백 마디 말보다 그림 한 장이 낫다'라는 말처럼 적절한 차트를 활용한 데이터의 시각화는 청중에게 설득력 있는 메시지를 전달할 수 있다. 분석한 데이터를 차트로 표현할 때 매우 다양한 옵션이 존재한다. 복잡한 차트나 잘못된 차트의 사용은 청중들에게 더욱 혼란을 야기시킬 수 있으므로, 차트를 선택하기에 앞서 신중한 고민이 필요하다. 적절한 차트의 사용은 다음 그림과 같은 효과들을 기대해 볼 수 있다.

적절한 차트 사용을 통한 기대효과

- **복잡하고 어려운 콘셉트를 알기 쉽게 설명함**
- **전달하고자 하는 메시지를 명확하게 함**
- **중요 포인트를 청중의 기억에 깊이 각인시킬 수 있음**

그렇다면 데이터의 시각화를 위해서 어떠한 차트를 선택해야 할까? 자주 쓰는 차트들을 의도에 따라 네 가지 그룹으로 나눌 수 있다. 그림 6.1은 청중에게 전달하고자 하는 의도에 따라 **집단 간의 데이터 비교 분석, 데이터 집합의 구성 분석, 변수들 간의 관계 분석, 데이터의 분포 분석**의 네 가지 항목으로 분류한 것이다. 지금부터는 각 항목과 관련된 차트에 대해 좀 더 자세히 알아보자.

그림 6.1 **적합한 데이터 시각화 차트 선택 방법**

비교 분석은 다양한 항목 간에 어떠한 차이가 있는지를 명확히 보고자 할 때 사용되는 분석법이다. 표를 통해 항목 간의 숫자를 눈으로 읽는 것보다 차트를 사용하면 훨씬 직관적으로 상대적인 차이를 실감할 수 있다. 비교 분석에 주로 사용되는 차트들로는 **막대 차트**(수평, 수직), **라인 차트**, **방사형 차트** 등이 있다. 이 장에서는 가장 흔하게 사용되는 막대 차트와 라인 차트에 대해 좀 더 알아보자.

❶ 막대 차트

막대 차트는 다양한 항목의 수치를 막대 길이로 표현하여 항목 간의 상대적인 비교를 직관적으로 표현한 차트다. 항목들의 개수가 여러 개일 경우, 표에 정리된 수치들을 읽는 것보다 막대 차트를 사용하면 항목 간의 차이를 쉽게 가늠해 볼 수 있다. 막대 차트는 수평 막대, 수직 막대와 같이 가로축이나 세로축으로 표현될 수 있다. 그림 6.2는 막대 차트들의 예시를 보여주고 있다.

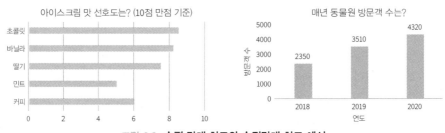

그림 6.2 **수평 막대 차트와 수직막대 차트 예시**

그렇다면 막대 차트의 장단점에는 무엇이 있을까? 표 6.1은 막대 차트의 주요 장단점에 대해 정리해 놓은 것이다. 지금부터 각 항목에 대하여 좀 더 자세히 알아보자.

표 6.1 **막대 차트의 장단점**

장점	단점
• 여러 개의 항목 간 비교가 수월하다. 5개 이상의 항목들 간의 비교도 빠르고 직관적으로 수행할 수 있다. • 테이블 요약보다 데이터 경향을 이해하기 쉽다. 항목의 수치가 증가 혹은 감소하는 경향을 쉽게 파악할 수 있다. • 전문적 지식이 없어도 모든 청중이 쉽게 이해할 수 있다.	• 차트 축 범위를 의도적으로 조정해 전달하고자 하는 메시지가 과장될 수 있다 (그림 6.3 참고). • 항목 간의 막대 길이가 비슷할 경우 정확한 수치적 차이를 알기 어렵다.

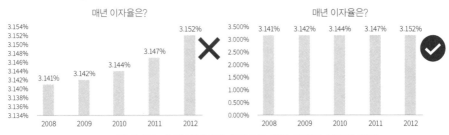

그림 6.3 **막대 차트 축의 부적절한 사용으로 인한 과장된 시각화 예시**

💡 막대 차트 시각화 및 발표 돋보이기

1 데이터를 직관적으로 이해하기 쉽게 나열하자

차트를 만드는 목적은 데이터를 쉽게 이해하기 위함이다. 항목 간의 무작위적인 나열보다 오름차순이나 내림차순과 같은 정렬을 활용하면 정돈된 인상을 줄 수 있다.

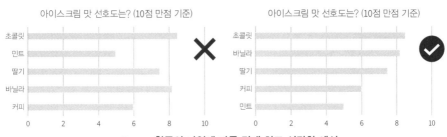

그림 6.4 **항목의 나열에 따른 막대 차트 시각화 예시**

2 3차원 그래프를 남용하지 말자

불필요한 3차원 막대 그래프의 사용은 2차원의 평면적 막대 그래프보다 데이터를 기울어지게 보이고 정확한 값을 이해하는 데 오히려 방해가 될 수 있다.

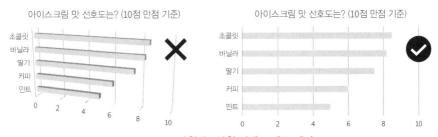

그림 6.5 **3차원과 2차원 막대 그래프 예시**

③ 축의 수치는 0부터 시작하자

축의 시작점을 0으로 지정하는 것을 잊지 말자. 그림 6.3에서 보았듯이 축의 스케일이 지나치게 확대되면 항목 간의 차이가 두드러지는 것처럼 과장된 결과를 초래할 수 있다.

④ 적합한 막대 차트 방향(수직/수평)을 설정하자

막대 차트는 수직 혹은 수평으로 표현될 수 있다. 항목의 순서가 순차적이어야 할 경우는 수직 차트를 사용할 수 있다. 항목들의 이름이 길 경우는 수평 차트를 사용하는 것이 시각적으로 정돈되어 보인다.

그림 6.6 **항목의 이름이 길 때 수직 막대와 수평 막대 차트 예시**

⑤ 색상을 활용하자

막대 차트에 색상을 활용해서 전달하고자 하는 포인트를 더욱 강조할 수 있다. 그림 6.7처럼 동물원 방문객 수가 가장 높았던 2020년에만 다른 색상을 사용하여 청중의 관심을 유도할 수 있다.

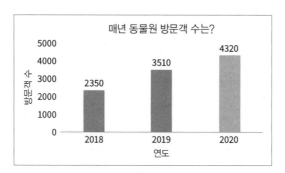

그림 6.7 **색상을 활용한 막대 차트의 예시**

② 막대 차트 사용 사례

막대 차트는 앞서 언급했듯이 복잡한 데이터들도 빠르고 쉽게 이해할 수 있도록 도와준다. 이러한 장점 때문에 세일즈 분야나 품질 관리 목적으로 널리 사용되고 있다. 그 외에도 광고나 뉴스에서도 막대 차트를 쉽게 발견할 수 있다.

세일즈 분야에서는 이해관계자들에게 막대 차트를 통해 지난해 월별 세일즈 현황 등을 효과적으로 발표할 수 있다. 예를 들면, 그림 6.8처럼 막대 차트를 통해 지난해 회사의 세일즈 실적이 높았던 특정 기간을 파악할 수 있다. 그 외에도 그림에서 볼 수 있듯이 회색 막대는 온라인 세일즈, 별색 막대는 오프라인 세일즈로 구분하여 비교 분석을 할 수도 있다.

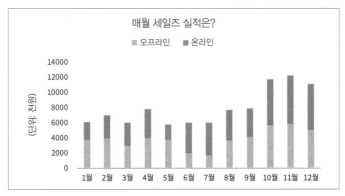

그림 6.8 **막대 차트를 통한 회사의 지난해 월별 세일즈 실적 시각화**

품질 관리에 대해서도 막대 차트를 활용하여 분석할 수 있다. 그림 6.9처럼 어떠한 항목에서 제품의 불량 건수가 가장 높았는지를 파악할 수 있고, 앞으로 더 개선이 필요할 항목들을 추려낼 수도 있다.

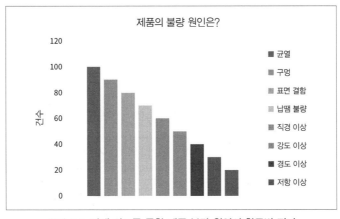

그림 6.9 **막대 차트를 통한 제품 불량 원인의 항목별 정리**

❸ 라인 차트

라인 차트는 데이터의 각 점을 선으로 이어서 시각화한 차트다. 앞서 설명한 막대 차트에 이어 가장 널리 사용되는 차트 중 하나다. 시간에 따른 데이터의 변화를 보고 싶을 때 자주 사용된다. 예를 들면, 그림 6.10과 같이 자신의 몸무게가 매년 어떻게 변화하는지를 라인 차트를 통해 분석할 수 있다.

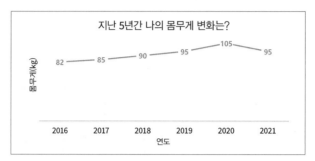

그림 6.10　**라인 차트를 통한 매년 몸무게 변화 분석**

이 외에도 여러 항목을 비교하고 싶으면 선을 추가하여 데이터의 경향을 비교 분석할 수 있다. 그림 6.11과 같이 두 사람의 시간에 따른 몸무게 변화를 비교 분석할 수 있다. 상대적으로 어떤 시점을 계기로 두 사람 간의 몸무게 차이가 벌어졌는지 등에 대하여도 파악할 수 있다.

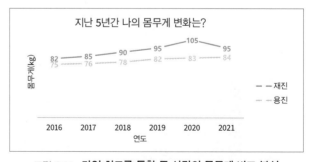

그림 6.11　**라인 차트를 통한 두 사람의 몸무게 비교 분석**

그렇다면 라인 차트의 장단점에는 무엇이 있을까? 표 6.2는 라인 차트의 주요 장단점에 대해 정리해 놓은 것이다. 지금부터 각 항목에 대하여 좀 더 자세히 알아보자.

장점	단점
• 시간에 따른 데이터 경향을 분석할 때 효과적이다. 데이터에 확연한 트렌드가 내포된 경우 라인 차트를 통해 강렬한 인상을 심어줄 수 있다. • 데이터의 작은 변화도 쉽게 포착할 수 있다. • 여러 항목 간의 비교가 쉽다.	• 항목 간의 데이터가 비슷하면 라인이 겹쳐서 구분하기 힘들다. • 데이터의 범위가 매우 크면 라인 차트로 표현하기 힘들다. 그림 6.12처럼 하나의 데이터만 유난히 높은 값을 보이면 급격한 경사를 보이는 라인이 나타나게 되고, 상대적으로 작은 다른 값들의 변화를 파악하기 힘들어진다.

그림 6.12 **데이터의 범위가 큰 경우 라인 차트 예시**

 라인 차트 시각화 및 발표 돋보이기

1 글자 삽입을 최소화하자

차트 안에 너무 많은 정보를 집어넣으려 하지 말자. 각 항목의 이름, 데이터 수치, 축 제목, 차트 제목, 보조선 등 많은 글자가 차트에 들어가면 보는 사람의 집중도를 분산할 수 있다. 그림 6.13처럼 불필요한 보조선이나 텍스트 정보들을 차트에서 제거하면 더욱 깔끔하고 집중된 인상을 심어줄 수 있다.

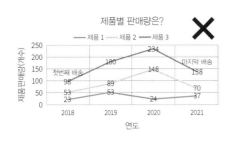
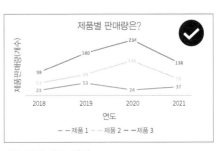

그림 6.13 **글자 사용에 따른 라인 차트 예시**

2 여러 라인 사용 시 색상 대비를 활용하자

하나의 차트에 여러 항목 간의 비교를 수행할 때 여러 종류의 라인을 사용해야 한다. 이때 라인마다 다른 색상을 사용하면 항목 간의 차이를 명확히 할 수 있다. 그림 6.14처럼 한 색상 안에서 색상 톤의 변화를 통해 항목들을 구분하는 것보다 명확한 색상 대비가 있는 조합을 활용하는 것이 좋다.

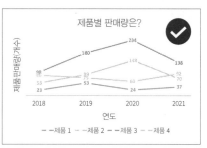

그림 6.14 라인의 색상 변화에 따른 라인 차트 예시

3 너무 많은 라인을 차트에 넣지 말자

여러 개의 라인을 사용하여 항목 간의 비교를 할 때는 너무 많은 항목을 넣지 않도록 주의하자. 그림 6.15와 같이 라인의 수가 5개를 넘어가게 되면 산만한 인상을 심어줄 수 있고, 라인 간의 차이를 분석하기도 어려워진다.

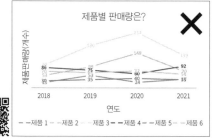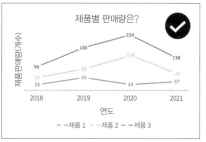

그림 6.15 라인의 개수에 따른 라인 차트 예시

❹ 라인 차트 사용 사례

라인 차트는 앞서 언급한 듯이 시간의 흐름에 따른 데이터의 추이를 관찰하거나 항목 간의 비교를 도와준다. 이러한 장점 때문에 금융 분야나 품질 관리 분야에서 널리 사용되고 있다. 각각의 사례에 대해 살펴보자.

금융 분야에서는 라인 차트를 활용하여 일정 기간 자산의 변동 및 추이를 시각적으로 표현하는 데 널리 사용되고 있다. 그림 6.16처럼 라인 차트를 통해 자산의 상승과 하락을 쉽게 파악할 수 있고, 이를 통해 투자나 거래의 의사결정을 하게 된다. 라인 차트는 단순하고 이해하기 쉬워 투자 초보자들도 쉽게 사용할 수 있다는 장점이 있다.

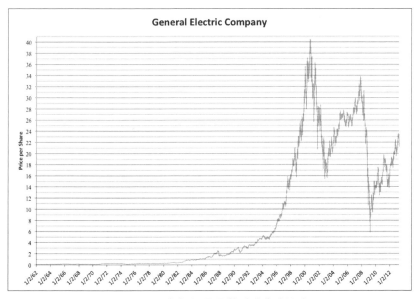

그림 6.16 **라인 차트를 통한 자산 추이 분석**

품질 분야에서도 라인 차트를 활발히 사용하고 있다. 그림 6.17과 같은 품질 관리도Control Chart를 사용하여 공정의 품질 관리 상태를 분석할 때 라인 차트의 시각화가 사용된다. 라인 차트를 통해 불량률이 눈에 띄게 높게 나온 공정이나 날짜를 발견해서 해당 부분을 진단하고 문제 원인을 개선할 수 있다.

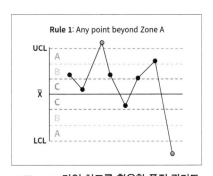

그림 6.17 **라인 차트를 활용한 품질 관리도**

6.1.2 구성 분석에 주로 사용되는 차트

구성 분석은 분석하고자 하는 데이터의 항목들이 어떠한 비율로 구성되어 있는지를 파악하고자 할 때 사용되는 방법이다. 이때 사용되는 차트들로는 **파이 차트, 영역 차트, 누적 막대 차트, 폭포수 차트** 등이 있다. 이 장에서는 그중 가장 널리 사용되는 파이 차트에 대해 좀 더 깊게 다루어 보자.

❶ 파이 차트

파이 차트는 문자 그대로 파이의 모양을 따온 것으로, 파이의 각 조각이 어떠한 비율로 전체 파이를 차지하고 있는지를 시각화한 차트다. 그림 6.18처럼 제품의 판매량이 제품의 종류별로 각각 어느 정도의 비율을 차지하고 있는지 쉽게 파악할 수 있다. 예를 들면, 제품 B와 제품 D가

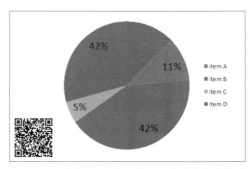

그림 6.18 **파이 차트를 활용한 제품의 판매 현황 분석**

각각 42%로 압도적인 비중을 차지하고 있음을 쉽게 파악할 수 있다.

그렇다면 파이 차트의 장단점에는 무엇이 있을까? 표 6.3은 파이 차트의 주요 장단점에 대해 정리해 놓은 것이다. 지금부터 각 항목에 대하여 좀 더 자세히 알아보자.

표 6.3 **파이 차트의 장단점**

장점	단점
• 다양한 항목들의 상대적인 비율을 쉽게 이해할 수 있다. 파이 안의 각 조각의 크기를 토대로 상대적 비율을 직관적으로 파악할 수 있다. • 대용량 데이터도 쉽게 요약해서 설명한다. • 지도 차트에 적용되어 추가적 정보를 제공할 수 있다. 그림 6.19와 같이 지도 차트에 파이 차트가 추가적으로 적용되어 지역별 비교 분석을 수행할 수도 있다.	• 비교해야 할 항목이 많으면 구분하기가 힘들다. 그림 6.20처럼 빽빽한 파이 조각들로 인해 차트가 복잡하고 지저분해 보일 수가 있다. • 하나의 데이터 변수만 다룰 수 있다. 하나의 변수에 대한 항목들의 상대적 비율을 표기하기 때문에 다양한 변수를 소개할 수 없다. • 전체 데이터의 크기가 어떤지 쉽게 감이 오지 않는다. 각 항목이 전체 데이터에서 차지하는 상대적 비율에 초점을 맞추기 때문에 데이터 세트의 크기 여부를 쉽게 판별하기 어렵다.

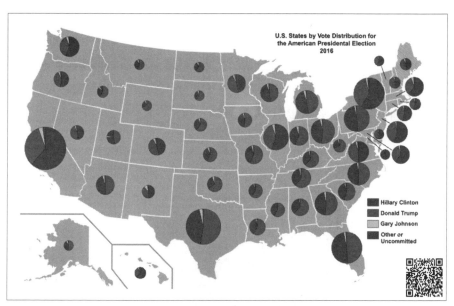

그림 6.19 **지도 차트에 파이 차트가 활용된 예시**

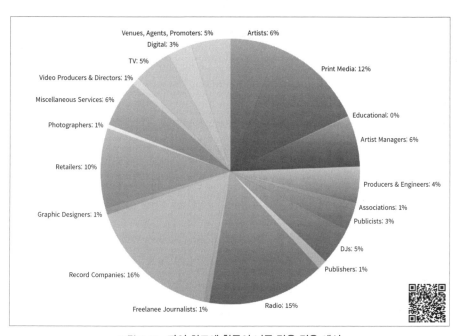

그림 6.20 **파이 차트에 항목이 너무 많은 경우 예시**

파이 차트 시각화 및 발표 돋보이기

1 5개가 넘는 항목들을 비교하지 말 것

앞서 보여준 그림처럼 항목의 개수가 너무 많으면 차트 읽기가 힘들어진다. 되도록 항목의 개수를 5개 이하로 설정하여 충분한 정보가 차트를 통해 전달되도록 하자.

2 3차원 파이 차트를 남용하지 말 것

3차원 파이 차트를 잘못 사용하면 특정 파이 조각이 다른 조각보다 더 크게 과장되어 보일 수가 있다. 예를 들면, 그림 6.21에서 연두색 조각이 파란색 조각보다 시각적으로 커 보이지만, 실제로 이 두 항목은 같은 값을 지니고 있다. 이러한 혼란을 방지하기 위해 각 파이의 값을 파이 조각마다 표기할 수 있다.

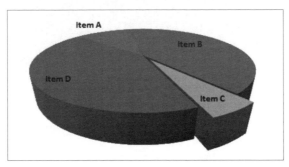

그림 6.21 **3차원 파이 차트 예시**

❷ 파이 차트 사용 사례

파이 차트는 앞서 소개한 대로 전체에서 각 부분 항목이 차지하는 비율을 쉽게 분석할 수 있도록 도와준다. 특히, 분석하고자 하는 항목의 개수가 많지 않을 때 효과적으로 사용될 수 있다. 이러한 장점 때문에 비즈니스 분야나 연구 분야에서 널리 사용되고 있다. 각각의 사례에 대해 살펴보자.

비즈니스 분야에서는 파이 차트를 활용하여 제품 및 서비스의 시장 점유율을 쉽게 파악할 수 있고 주목해야 할 경쟁사들이 누구인지 가려낼 수 있다. 예를 들면, 그림 6.22처럼 인도의 스마트폰 시장에서 각 제조사의 점유율을 비교 분석할 수 있다(2010년 기준). 노키아가 전체 스마트폰 시장의 88%로 점유율을 지배하고 있음을 한눈에 알 수 있다.

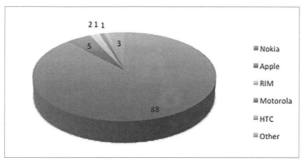

그림 6.22 **파이 차트를 활용한 인도 스마트폰 시장의 점유율 비교 예시**

연구 분야에서는 설문지 분석을 수행할 때 파이 차트가 자주 사용되곤 한다. 설문지 질문에 대한 답변 항목은 보통 5개 이하인 경우가 많아 파이 차트로 시각화를 수행하기에 효과적이다. 그림 6.23처럼 연구 과제에 대한 참여 연구원들의 만족도 조사에 대한 결과를 쉽게 요약할 수 있다. 만족도가 평균 이상이었다는 응답자가 전체의 55%로 가장 높은 비율을 차지함을 알 수 있다.

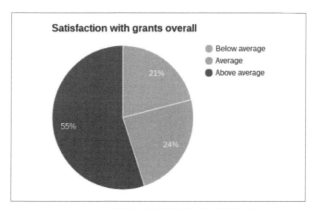

그림 6.23 **파이 차트를 활용한 설문 분석 예시**

6.1.3 관계 분석에 주로 사용되는 차트

관계 분석은 변수들 간에 어떠한 관련성이 있는지를 알아보고자 할 때 사용되는 분석법이다. 관계 분석에 주로 사용되는 차트들로는 **분산형 차트**, **버블 차트** 등이 있다. 이 장에서는 가장 널리 사용되는 분산형 차트에 대해 좀 더 알아보자.

❶ 분산형 차트

분산형 차트는 두 변수 간에 어떠한 관련성이 있는지를 파악하고자 할 때 사용되는 차트다. 그림 6.24와 같이 X축에는 영향을 주는 변수(독립변수)를 배치하고, Y축에는 영향을 받는 변수(종속변수)를 배치하여 X축 변수 데이터의 변화에 따라 Y축 변수 데이터가 어떠한 상관관계를 지니는지 직관적으로 이해할 수 있다.

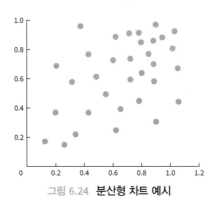

그림 6.24 **분산형 차트 예시**

그렇다면 분산형 차트의 장단점에는 무엇이 있을까? 표 6.4는 분산형 차트의 주요 장단점에 대해 정리해 놓은 것이다. 지금부터 각 항목에 대하여 좀 더 자세히 알아보자.

표 6.4 **분산형 차트의 장단점**

장점	단점
• 두 변수 간의 관계에 대한 경향을 파악할 수 있다. 그림 6.25처럼 가로축 변숫값이 증가할 때 세로축 변숫값이 같이 선형적으로 증가하거나 감소하는 경향을 포착할 수 있고, 두 변수 간의 비선형적인 관계 혹은 관계없음도 쉽게 파악할 수 있다. • 모든 데이터의 실제 수치를 차트에 담아낸다. 그림 6.25처럼 각 데이터의 개별 값이 각각 점으로 표현되므로 모든 데이터의 실제 값들이 차트 내에 표기된다. • 데이터의 이상치 혹은 특이점 들을 쉽게 포착할 수 있다. 그림 6.26처럼 이상치 혹은 오류로 의심되는 데이터를 쉽게 포착할 수 있다.	• 대용량 데이터를 시각화하는 데 어려움이 있다. 분산형 차트는 모든 데이터 값을 차트에 담기 때문에 차트를 생성하는 데 과부하가 올 수 있고, 차트를 이해하는 데도 어려움이 따를 수 있다. • 3개 이상의 변수 간의 관계는 분석하기 힘들다. 2차원 평면상에서 두 변수 간의 관계를 보도록 설계되어 있어서 세 변수들 관계를 보고 싶은 경우 앞서 잠시 언급했던 버블 차트를 사용하길 추천한다(그림 6.27 참고). • 두 변수에 얼마만큼 관계가 있는지 수치적인 정보를 주지 않는다. 이러한 관련성을 수치화하기 위해서는 통계적 기법인 상관계수(Correlation Coefficient)를 추가로 고려할 수 있다.

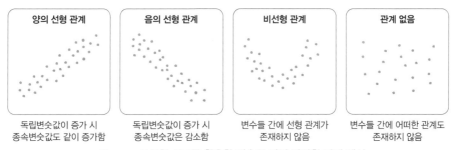

양의 선형 관계	음의 선형 관계	비선형 관계	관계 없음
독립변숫값이 증가 시 종속변숫값도 같이 증가함	독립변숫값이 증가 시 종속변숫값은 감소함	변수들 간에 선형 관계가 존재하지 않음	변수들 간에 어떠한 관계도 존재하지 않음

그림 6.25 분산형 차트를 활용한 변수들 간의 다양한 관계 예시

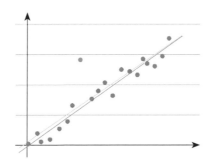

그림 6.26 분산형 차트를 활용한 이상치 파악 예시

그림 6.27은 버블 차트의 예시다. 가로축은 시간의 흐름(단위: 월), 세로축은 상영관 수 데이터를 배치하여 시간의 흐름에 따라 상영관 수에 변화가 있는지에 대한 관계를 분석할 수 있다. 그 외에 관객 수에 따른 버블의 크기를 시각화하여 총 세 가지의 변수 관계를 차트 안에서 분석할 수 있다.

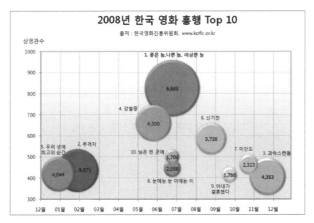

그림 6.27 버블 차트 예시

1 추세선을 활용하자

두 변수 간의 관련성을 차트에서 발견한 경우에 추세선을 활용해서 이러한 관련성을 더욱 강조할 수 있다. 그림 6.28과 같이 선형 추세선을 활용하면 변수들 간의 관계를 더욱 명확하게 이해할 수 있다.

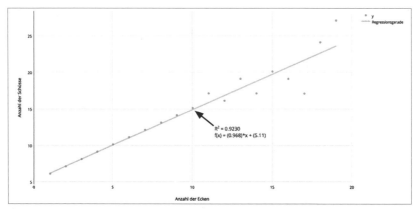

그림 6.28 **추세선을 활용한 분산형 차트 예시**

2 색상을 활용하자

분산형 차트에 색상을 활용하여 추가적인 정보를 제공할 수 있다. 그림 6.29와 같이 색상을 활용하여 항목별로 두 변수 간에 어떠한 관련성이 있는지를 비교 분석할 수 있다. 색상을 추가할 때는 각 색상에 대한 설명을 차트에 추가하는 것도 잊지 말자.

그림 6.29 **색상을 활용한 분산형 차트 예시**

❷ 분산형 차트 사용 사례

분산형 차트는 앞서 언급한 듯이 두 변수 간의 관계를 이해하거나 이상치나 특이점을 포착하는 데 효과적으로 사용된다. 이러한 장점 때문에 제조 분야나 세일즈 분야에서 널리 사용되고 있다. 각각의 사례에 대해 살펴보자.

제조 분야에서는 분산형 차트를 활용하여 두 변수 간의 관계에서 이상치를 쉽게 포착할 수 있다. 이러한 이상치가 나타난 기계적 혹은 환경적 원인을 조사하여 품질 개선 및 관리에 적극적으로 활용할 수 있다. 또는 그림 6.30과 같이 제조 공정에 투입되는 재료의 수치적 변화에 따라 제품의 품질이 어떻게 관련성이 있는지를 분산형 차트를 통해 분석할 수 있다.

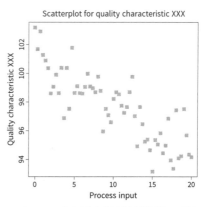

그림 6.30 **제조 분야에서 분산형 차트 예시**

세일즈 분야에서도 분산형 차트를 적극적으로 활용하고 있다. 예를 들면, 매출과 순익에 대한 관계성을 분산형 차트를 통해 직관적으로 이해할 수 있다. 매출이 증가할수록 순익이 함께 증가하는지, 혹은 매출에 비해 순익이 유난히 낮거나 높은 지점이 있었는지를 쉽게 판별할 수 있다. 그림 6.31은 스타벅스의 지난 16년간 매출과 순이익에 대한 관련성을 분산형 차트를 통해 보여주고 있다. 일반적으로 매출이 증가할수록 순이익도 같이 증가하는 경향을 보이는 것을 알 수 있다.

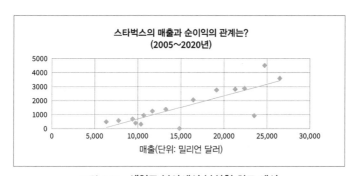

그림 6.31 **세일즈 분야에서 분산형 차트 예시**

6.1.4 분포 분석에 주로 사용되는 차트

분포 분석은 데이터가 어떠한 패턴을 보이는지를 알고자 할 때 사용되는 분석법이다. 분포 분석에 주로 사용되는 차트들로는 **히스토그램, 분산형 차트** 등이 있다. 이 장에서는 가장 대중적으로 사용되는 히스토그램에 대해 더 깊이 다루어 보고자 한다.

① 히스토그램 차트

히스토그램은 여러 개의 막대를 이용하여 데이터의 분포 형태를 시각적으로 표현한 차트다. 그림 6.32는 참나무의 높이를 히스토그램으로 표현한 것이다. 가로축은 나무의 높이를 일정 구간별로 나눈 것이고, 세로축은 각 높이의 구간에 몇 그루의 나무가 해당하는지 빈도수를 나타낸 것이다. 이를 통해 나무 높이 50~70피트 사이의 구간에 가장 많은 나무가 속해 있음을 알 수 있다. 230~250피트 구간 사이에 해당하는 나무는 매우 희소한 경우인 것을 분포 경향을 통해 파악할 수 있다.

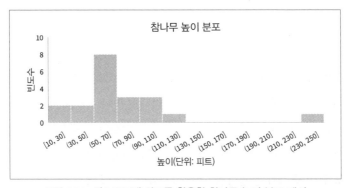

그림 6.32 **히스토그램 차트를 활용한 참나무 높이 분포 예시**

그렇다면 히스토그램 차트의 장단점에는 무엇이 있을까? 표 6.5는 히스토그램 차트의 주요 장단점에 대해 정리해 놓은 것이다. 지금부터 각 항목에 대하여 좀 더 자세히 알아보자.

표 6.5 히스토그램 차트의 장단점

장점	단점
• 데이터의 분포 형태를 파악하기 쉽다. 그림 6.33과 같이 좌우 대칭 분포 형태, 비대칭 형태, 균등 분포, 여러 개의 꼭짓점 분포 등 다양한 형태에 대해 직관적으로 이해할 수 있다. • 대용량의 데이터도 처리할 수 있다. • 이상치를 쉽게 판별할 수 있다. 주류 데이터들은 밀집하게 되고 이와 동떨어져 있는 값을 쉽게 발견할 수 있다.	• 개별 데이터의 정확한 값을 읽기 힘들다. 히스토그램 차트는 구간별 속해 있는 데이터의 빈도수를 표현하므로 차트의 특성상 실제 데이터의 값을 정확히 알아내기 힘들다. • 분포 형태가 히스토그램 구간 너비에 영향을 받는다. 그림 6.34처럼 데이터 구간을 너무 잘게 쪼개거나 너무 넓게 설정하면 데이터의 분포 형태가 차트에 제대로 나타나지 않는 것을 알 수 있다. • 두 가지 이상 변수들을 비교하기 힘들다. 히스토그램 차트는 하나의 변수에 집중해서 분포를 보여주기 때문에 다양한 변수를 한 번에 고려하기에는 어려움이 있다.

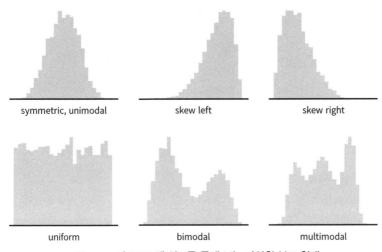

그림 6.33 히스토그램 차트를 통해 보는 다양한 분포 형태

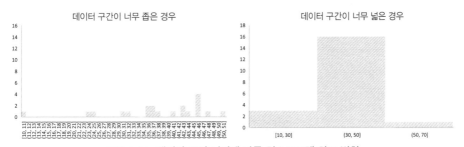

그림 6.34 데이터 구간 너비에 따른 히스토그램 차트 변화

히스토그램 차트 시각화 및 발표 돋보이기

1 적절한 구간의 수를 정하자

앞서 언급한 대로 구간의 개수를 어떻게 설정하느냐에 따라 분포 모양이 영향을 받게 된다. 구간의 개수는 보통 5개에서 20개 사이인 것이 좋다. 데이터의 양이 많을수록 구간의 개수가 자연스럽게 늘어날 것이다. 데이터의 특성에 따라 적정 구간 개수가 달라지므로 여러 번의 경험적 시도 끝에 적절한 개수를 결정하기를 추천한다.

2 구간의 경계선 값을 명확히 설정하자

구간의 간격을 소수점이나 비 균등하게 설정하는 것보다 5배수나 10배수처럼 균등하게 나누어지는 값으로 설정하는 것이 차트를 해석할 때 더욱 수월하다. 그림 6.35처럼 고객의 대기 시간을 4.2초 간격으로 설정한 히스토그램은 복잡하고 분석하기가 더 어려운 것을 볼 수 있다.

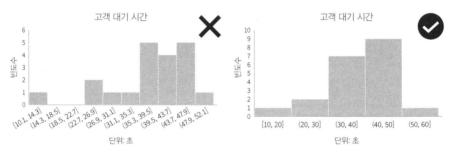

그림 6.35 **히스토그램 차트의 데이터 구간 경계선 값 설정 예시**

3 추세선을 활용하자

히스토그램 차트에서 추세선을 활용하면 데이터의 분포 경향을 더욱더 쉽게 이해할 수 있다. 그림 6.36처럼 추세선을 활용하면 데이터의 분포 경향을 쉽게 이해할 수 있다.

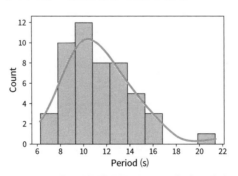

그림 6.36 **추세선을 활용한 히스토그램 차트 예시**

❷ 히스토그램 차트 사용 사례

히스토그램 차트는 앞서 언급했듯이 데이터의 분포 경향을 시각화하고 어떠한 구간의 데이터들이 더욱 밀집되어 있는지를 한눈에 파악할 수 있게 해준다. 이러한 장점 때문에 신뢰성(공학) 분야나 경제학 분야에서 널리 사용되고 있다. 각각의 사례에 대해 살펴보자.

신뢰성(공학) 분야에서는 히스토그램을 활용하여 기계나 제품의 수명이 어떠한 분포를 나타내는지 분석하고자 할 때 널리 사용되고 있다. 그림 6.37처럼 기계 수명이 어떠한 구간에 가장 많이 속해 있고 전체적인 분포 형태는 어떠한지를 직관적으로 이해할 수 있다.

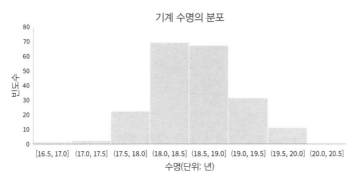

그림 6.37 **히스토그램 차트를 활용한 신뢰성 분석**

경제학 분야에서도 히스토그램 차트는 활발히 사용되고 있다. 그림 6.38과 같이 미국의 가구 소득을 히스토그램을 활용해 분포 경향을 파악할 수 있다. 소득의 중간값보다 낮은 구간에 가장 많은 가구가 속해 있는 경향을 보이고, 소득이 증가할수록 해당하는 가구들이 점진적으로 줄어드는 것을 확인할 수 있다.

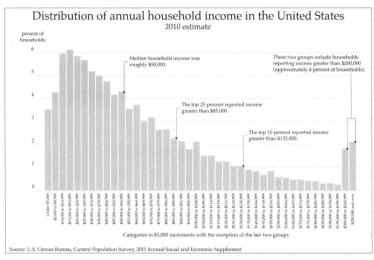

그림 6.38 **히스토그램 차트를 활용한 가구 소득 분석**

6.2 마무리

이번 장에서는 데이터 분석 프로젝트 진행 시에 적합한 차트들을 선정하는 방법에 대해 다루어 보았다. 요약하자면, 표 6.6과 같이 차트들의 종류는 크게 네 가지 범주로 나누어 볼 수 있다.

표 6.6 **분석의 목적에 따른 차트 종류들**

목적	차트
비교 분석	막대 차트, 라인 차트, 방사형 차트
구성 분석	파이 차트, 영역 차트, 누적 막대 차트, 폭포수 차트
관계 분석	분산형 차트, 버블 차트
분포 분석	히스토그램 차트, 분산형 차트

완벽한 차트는 존재하지 않는다. 각 차트의 장단점을 이해하고 프로젝트의 현 상황에 맞는 차트를 선택하는 것이 중요할 것이다. 차트별 시각화 및 발표 돋보이기 팁을 활용하여 전달하고자 하는 메시지를 더욱 강조할 수 있을 것이다.

07

데이터 대시보드
사용법

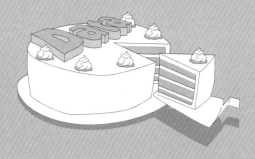

7.1 대시보드를 통한 시각화 돋보이기

이번 장에서는 데이터 대시보드를 활용해서 데이터의 시각화를 극대화시키는 방법에 대해 다루어 보고자 한다. 우선, 대시보드에 대해서 기본적으로 설명하고, 대시보드 선택 가이드, 대시보드 시각화 및 발표 돋보이기, 대시보드 사용 사례에 대해 순차적으로 다루어 보겠다.

7.1.1 대시보드란?

대시보드란 무슨 뜻일까? 아마도 우리 주변에서 쉽게 접할 수 있는 말로는 자동차 대시보드가 있을 것이다. 그림 7.1처럼 자동차 대시보드에는 계기판, 스크린, 컨트롤 패널까지 중요한 정보가 모두 집약되어 있음을 알 수 있다.

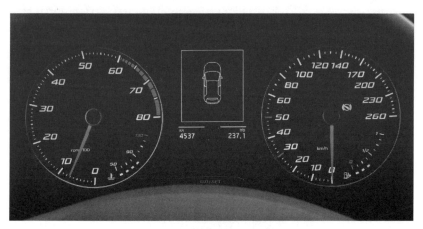

그림 7.1 **자동차 대시보드 예시**

데이터 대시보드도 같은 원리를 적용한다고 보면 된다. 다양한 소스의 정보를 한곳에 정리하고, 일목요연하게 시각화하는 것을 대시보드라고 할 수 있다. 그림 7.2는 데이터 대시보드의 예시다.

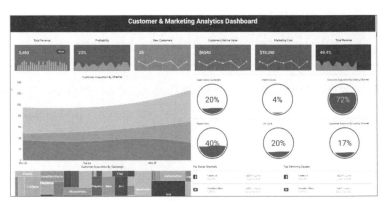

그림 7.2 **대시보드 예시**

대시보드의 장점

그렇다면 대시보드를 사용함으로써 어떠한 장점을 얻을 수 있을까? 다음과 같이 여러 항목을 나열해 볼 수 있다. 다양한 정보를 체계적으로 정리해서 한곳에 보여준다는 것이 대시보드의 큰 장점 중 하나라고 할 수 있다. 이러한 정보를 바탕으로 더욱더 효율적인 토론과 의사결정을 할 수 있다.

- 성과 지표를 효과적으로 시각화한다.
- 개선이 필요한 추이를 포착하고 이에 대한 대응을 할 수 있다.
- 통합적인 정보를 바탕으로 더욱더 객관적인 의사결정을 내릴 수 있다.
- 전략을 재정비하고 짜임새 있는 목표를 설정할 수 있다.
- 여러 차트를 한곳에 보여주므로 시간을 단축할 수 있다.
- 모바일 기기에서도 쉽고 빠르게 사용할 수 있다.

7.1.2 대시보드 선택 가이드

그렇다면 진행 중인 데이터 분석 프로젝트에 어떤 테마의 대시보드를 적용하는 것이 효과적일까? 이를 이해하기 위해서는 대시보드의 종류와 각각의 차이점을 먼저 살펴봐야 할 것이다. 대시보드는 크게 **전략적 대시보드**, **분석 대시보드**, **운영 대시보드**로 분류할 수 있다. 표 7.1은 각 대시보드의 차이점에 대해 요약해 놓은 것이다. 지금부터 각각의 대시보드에 대해서 살펴보자.

표 7.1 **대시보드의 종류와 특성들 비교**

대시보드 종류	주 사용층	적용 기간
전략적 대시보드	경영진	장기간
분석 대시보드	실무진	중기간
운영 대시보드	실무진	단기간 루틴

❶ 전략적 대시보드

전략적 대시보드는 거시적인 관점의 데이터를 보여주고 회사 혹은 조직의 중장기적인 전략 수립에 활용되는 대시보드라 할 수 있다. 회사 내부에서 주로 경영진들이 사용하도록 거시적 관점으로 설계되어 있다. 그림 7.3은 경영 전략 대시보드의 예시를 보여주고 있으며, 경영진 미팅에 발표 자료로 사용될 수 있다. 산만하지 않으면서 전체적으로 통일된 스토리를 들려주는 것이 핵심이다. 예를 들면, 그림 7.3은 글로벌 유통 회사의 전 세계적인 유통망에 대해서 핵심 성과 지표를 기준으로 시간의 흐름에 따른 추이를 보여주고 있다.

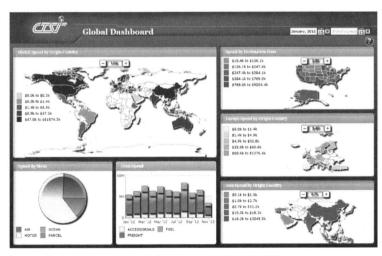

그림 7.3 **전략적 대시보드 예시**

❷ 분석 대시보드

분석 대시보드는 데이터 분석가들이 방대한 양의 데이터를 통해 분석한 내용을 회사의 실무진들에게 전달하고자 할 때 사용되는 대시보드다. 분석 대시보드의 핵심은 과거의 데이터를 바탕으로, 분석가가 경향을 파악하고 다양한 변수를 비교하여 미래의 상황을 예측하거나 구체적인 목표를 정하게 하는 것이 주목적이다. 예를 들면, 앞에서 언급한 글로벌 유통 회사에서 IT 기반 시설에 대해 면밀히 분석하고자 한다고 가정해 보자. 그림 7.4와 같이 IT 기반 시설 성능에 대한 분석 대시보드를 작성할 수 있다. 이 대시보드를 통해 IT의 기반 시설(디스크 용량, 네트워크 품질 등)의 성능이 시간별로 어떤 경향을 보이는지를 한눈에 파악할 수 있고 개선을 위한 구체적인 안을 확립할 수 있다.

그림 7.4 **분석 대시보드 예시**

❸ 운영 대시보드

운영 대시보드는 비교적 짧은 기간 수행된 작업에 대해 지속적인 실시간 모니터링을 하고 이를 관리하기 위해 사용되는 대시보드를 일컫는다. 이 대시보드는 작업의 공정 프로세스를 관찰하기 때문에 주로 실무진에서 많이 사용한다. 예를 들면, 앞에서 언급한 글로벌 유통 회사에서 실시간 지역별 유통 공급과 수요를 모니터링한다고 가정해 보자. 그림 7.5는 이러한 상황에서 고려할 수 있는 운영 대시보드의 예시다.

성과 지표에 대한 큰 변동이 포착되면 실무진 관리 부서에서는 원인을 조사하고 기존 유통망을 조정하는 등의 즉각적인 대처를 취하게 된다.

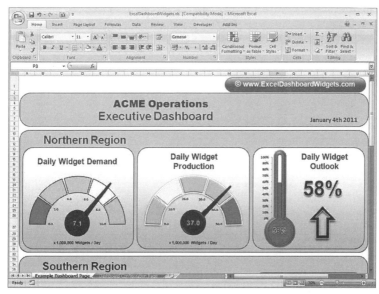

그림 7.5 **운영 대시보드 예시**

🏆 대시보드 시각화 및 발표 돋보이기

1 핵심 성과 지표를 활용하자

핵심 성과 지표를 활용하면 청중들에게 프로젝트의 주요 목적과 목표에 대해서 다시 한번 상기시킬 수 있다. 그림 7.6과 같이 핵심 성과 지표를 활용해서 시간 흐름에 따라 어떠한 추이가 있는지를 나타낼 수 있고, 이를 통해 성과가 두드러지게 높거나 낮은 구간을 포착하고 그에 대한 원인을 분석할 수 있다.

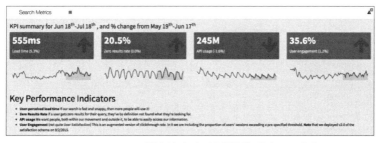

그림 7.6 **핵심 성과 지표를 활용한 대시보드 예시**

② 청중의 대시보드 접근과 상호작용을 가능하게 하자

대시보드 내의 차트들을 청중이 유연하게 조작할 수 있게 하여 청중을 더욱 능동적으로 토론에 참여시킬 수 있다. 예를 들면, 청중은 필터링을 사용해 원하는 부분만을 추려내서 분석하기도 하고, 특정 차트 영역만을 하이라이트해서 시각적으로 강조할 수도 있다. 그림 7.7은 상호작용이 가능한 대시보드의 예시다. 원하는 지역만을 필터링해서 그에 해당하는 데이터를 집중적으로 시각화할 수 있다.

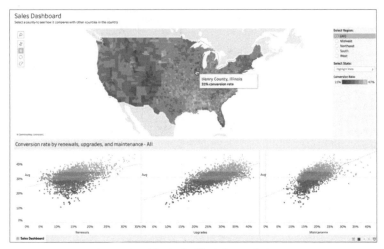

그림 7.7 상호작용이 가능한 대시보드 예시

③ 너무 많은 내용을 담으려 하지 말자

대시보드를 만들다 보면 자연스럽게 많은 내용을 넣고 싶은 유혹에 빠지기 쉽다. 하지만 하나의 대시보드에 너무 많은 내용이 들어가게 되면 청중의 집중력을 흐트러뜨릴 수 있다. 그림 7.8은 너무 빽빽하게 차 있는 대시보드의 잘못된 사용 예시다. 이해관계자와 가장 관련이 있는 정보만을 선별해서 대시보드에 담도록 하자. 이를 통해 청중이 더욱 구체적으로 내용을 파고들 수 있도록 도모하는 것이 효과적일 것이다.

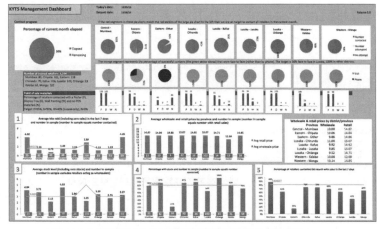

그림 7.8 너무 많은 정보가 집약되어 있는 대시보드의 예시

연구 결과에 따르면, 청중은 대시보드를 책을 읽는 것과 비슷한 방식으로 좌에서 우로 보는 경향이 있는 것으로 나타났다. 그 말인즉슨, 가장 중요한 지표를 최상위 좌측 지역에 배치하는 것이 효과적일 수 있다는 것이다. 또한, 관련성이 높은 차트를 바로 옆에 놓아 자연스러운 비교 분석이 이루어질 수 있도록 흐름을 유도할 수 있다. 즉, 대시보드를 설계한 사람이 유도한 차트 분석 흐름대로 청중이 자연스럽게 따라갈 수 있도록 위치를 배치하는 것이 최적의 설계일 것이다.

그림 7.9 **차트의 위치 선정에 따른 대시보드 시각화 예시**

7.1.3 대시보드 사용 사례

대시보드는 데이터의 시각화와 스토리를 효과적으로 전달할 수 있는 장점 때문에 다양한 비즈니스에서 널리 사용되고 있다. 지금부터는 대시보드의 실제 활용 사례에 대해 다루어 보자.

❶ 최고 마케팅 책임자 전략 대시보드

전략 대시보드는 대게 마케팅 부서에서 최고 마케팅 책임자Chief Marketing Officers, CMO의 전략 대시보드로 사용된다. 최고 마케팅 책임자는 마케팅 노력이 실제 세일즈와 기업의 순이익에 밀접히 연관되어 있는지에 대해 전략적 관점에서 접근하는지를 살핀다. 이러한 전략 대시보드 제작은 기술적으로 그리 어려운 게 아니다. 다만, 어떠한 전략적 목표와 그에 적합한 핵심 성과 지표가 어떤 것일지에 대한 고찰이 더욱 요구된다 할 수 있다. 그림 7.10은 최고 마케팅 책임자 대시보드의 예시를 보여주고 있다. 소셜 미디어별로 구독자 수의 현황이 어떠한지와 새롭게 유입된 고객의 수, 매출 현황 등 마케팅 성과와 관련된 총체적인 부분을 종합적으로 모니터링할 수 있다.

그림 7.10 **최고 마케팅 책임자 대시보드 예시**

❷ 소매산업 성과 지표 분석 대시보드

소매산업에서도 분석 대시보드가 효과적으로 활용될 수 있다. 대시보드 분석을 통해 경영진과 소비자의 만족 사이에서 간극이 발생하지 않도록 좁혀주는 역할을 한다. 예를 들면, 소매산업의 핵심 성과 지표를 분석하는 대시보드를 만들어 지표를 통해 고객의 브랜드 충성심을 확보하고, 고객을 어떻게 유지하고 있는지에 대해 분석하고 개선안을 구상해 볼 수 있다. 그림 7.11은 소매산업 성과 지표 대시보드의 예시를 보여주고 있다. 의류산업이 주 고객층(여성, 남성, 아동) 혹은 도시별로 판매량이 어떠한지와 매달 재고량, 가장 많이 팔리는 다섯 가지 제품 목록 등을 분석할 수 있다.

그림 7.11 **소매산업 대시보드 예시**

❸ 고객 서비스 운영 대시보드

고객 서비스 운영 대시보드는 고객의 서비스에 대해 중점적으로 분석하도록 구성된 대시보드다. 고객 서비스와 관련된 모든 핵심 성과 지표를 대시보드에 보여주고 이를 통해 조직에서는 작업을 더욱 효과적으로 개선할 방안을 찾게 된다. 예를 들면, 고객 서비스 운영 대시보드를 만들어 지난 몇 개월간 고객 서비스 관리 조직의 성과가 어떠했는지를 한눈에 이해할 수 있다. 고객을 응대하기까지 걸린 시간 자료를 토대로 나중에 인력이 얼마나 더 필요한지, 일정 관리를 개선하여 고객의 대기 시간을 얼마나 더 단축해야 하는지 등의 의사결정을 내릴 수 있다. 그림 7.12는 고객 서비스 대시보드의 예시를 보여주고 있다. 실시간으로 고객의 문의를 해결하는 데 소요된 시간, 고객의 요청을 처음 응답하기까지 걸린 시간 등을 지속해서 모니터링할 수 있다.

그림 7.12 **고객 서비스 대시보드 예시**

좋은 대시보드의 기준은?

다음과 같은 사항을 기준으로 현재 사용하고 있는 대시보드의 퀄리티가 어떠한지 진단해 보자.

1. 심플하고, 쉽게 소통할 수 있는가?	예 ☐	아니오 ☐
2. 혼동을 주는 요소는 적은가?	예 ☐	아니오 ☐
3. 데이터가 목적에 의미 있고 쓸 만한가?	예 ☐	아니오 ☐
4. 시각적으로 자연스럽게 정보를 습득할 수 있는가?	예 ☐	아니오 ☐
5. 이해관계자들이 쉽게 접속할 수 있는가?	예 ☐	아니오 ☐

이번 장에서는 데이터 대시보드의 종류와 시각화를 통해 발표를 돋보이게 하는 전략, 그리고 실제 사용 사례에 대해 다루어 보았다. 다시 정리하면, 대시보드는 목적에 따라 크게 세 종류인 **전략적 대시보드**, **분석 대시보드**, **운영 대시보드**로 구분할 수 있고, 표 7.2와 같이 각각의 특징을 정리할 수 있다. 앞서 언급한 '대시보드 시각화 및 발표 돋보이기' 팁을 활용하여 청중이 자연스럽게 원하는 메시지의 흐름을 따라가고, 전달하고자 하는 목적을 명확히 이해할 수 있는 대시보드를 만들어 보자.

표 7.2 **대시보드의 종류에 따른 특징**

대시보드 종류	특징
전략적 대시보드	• 장기간에 걸쳐 기업/조직의 목표 달성을 위한 전략 분석 • 주로 경영진 관할
분석 대시보드	• 대용량 데이터를 분석 • 실무진(데이터 분석가)이 대시보드를 관리
운영 대시보드	• 단기간 작업 특성에 대해 분석 • 실무진에서 주로 관할

08

케이스 스터디 1:
서울시 버스의
승하차 인원 분석

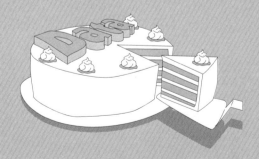

혜원은 이번에 산업공학과 대학원에 입학한 석사 신입생이다. 입학 후 연구실 출근과 동시에 교수님에게 데이터 분석 작업을 의뢰받았다. 연구실에서 새롭게 시작한 연구 과제인데, 서울시의 버스노선별 및 정류장별 승하차 인원 정보를 바탕으로 서울시의 교통혼잡도를 감소시키고 시민들과 버스 기사들의 편의도를 증진시키는 게 주목적인 과제다. 이 과제에서 혜원의 업무는 서울시 버스의 승하차 인원을 객관적으로 분석하는 파트에 초점이 맞추어져 있다. 혜원은 서울시 공공 데이터를 바탕으로 데이터를 수집한 후 분석하여 연구실 회의에서 교수님 및 다른 대학원생들에게 서울시 버스노선 승하차 현황에 대해 발표하기로 하였다. 지금부터 혜원이 어떠한 과정으로 첫 번째 맡은 임무를 수행하게 되는지 같이 살펴보자.

8.1.1 학습 목표

이 케이스 스터디 예제를 통해 다음과 같은 사항을 배울 수 있다.

- 연구실의 교수님 혹은 프로젝트 담당자와 원활한 소통을 통해 프로젝트의 목표를 설정하고 계획하는 법
- 서울시가 웹사이트에서 제공하는 공공 데이터를 취득하고 전처리하는 법
- 데이터 도구에 대해 경험이 많지 않은 상태에서 알맞은 데이터 분석 도구 및 방법을 선택하는 법
- 미팅에서 연구원들과 과제 담당자들의 이해를 돕기 위해 데이터 시각화 차트를 적절하게 활용하는 법
- 데이터 분석 결과를 버스노선 이해관계자들에게 효과적으로 스토리텔링하는 법

8.1.2 케이스 난이도(하/중/상)

이 케이스 스터디의 난이도는 다음과 같은 항목들을 기반으로 판단해 볼 수 있으며, 전체적인 난이도는 '중'과 '하'에 속한다고 볼 수 있다.

- 분석 데이터 확보의 난이도: **하**(공공 데이터 웹사이트를 통해 취득이 수월함)
- 분석 데이터의 용량: **중**(각 변수당 3만8천 개 이상의 데이터를 다루어야 함)
- 해결해야 하는 문제의 난이도: **하**(서울시 버스의 승하차 인원을 바탕으로 교통이 가장 밀집된 노선 및 정류장을 찾아내는 것이 주목적임)
- 이해관계자와의 소통: **중**(서울시 버스노선과 관련해 시민, 운수사업자, 교통전문가, 시민단체 대표, 시의원 등 여러 사람이 관련되어 있음)
- 기술적인 난이도: **중-하**(엑셀을 기반으로 분석이 가능하며, 시각화 도구를 추가해서 대시보드를 만들 수 있음)

8.2 케이스 스터디 분석 프로젝트

지금부터 대학원생 혜원이가 교수님이 미션으로 준 서울시 버스노선의 승하차 인원 정보 분석을 어떻게 수행하게 되는지를 이 책에서 다루었던 절차를 바탕으로 하나씩 살펴보자. 이 케이스에서는 실제로 '서울 열린데이터 광장'에서 공유하는 데이터를 사용하게 되지만, 분석과 관련된 혜원의 일화들은 독자들의 이해를 돕기 위해 가상으로 만들어졌음을 밝힌다.

8.2.1 배경 소개

이 연구과제는 서울시의 지원으로 시작하게 되었다. 한국교통연구원의 2018년 발표 자료에 의하면, 서울시의 교통혼잡비용은 2014년 8조 9,175억 원에서 2015년 9조

1,447억 원, 2016년 9조 3,040억 원으로 계속해서 증가하고 있는 것으로 나타났다[15]. 교통혼잡비용이란, 시간 지연으로 발생하는 차량 운행비부터 운전자나 승객들의 손실된 시간 가치까지 고려한 총체적인 비용을 말한다. 서울시는 계속해서 증가하는 교통혼잡비용에 대한 문제를 인지하고 이를 해결하기 위한 노력으로 연구과제를 발주하였다.

이 과제의 장기간 목표는 서울시의 교통혼잡도를 개선하여 혼잡비용을 감소시키고, 버스 기사와 승객들의 편의를 증진하는 것이다. 이러한 목표에 도달하기 위한 첫걸음으로 가장 최근에 수집된 서울시 버스노선의 승하차 인원 정보를 바탕으로 기초적인 분석을 수행하기로 하였다. 혜원의 교수는 이 과제를 맡아서 진행하게 되었고, 혜원에게 일차적으로 서울시에서 제공하는 서울시의 버스노선 공공 데이터를 수집해서 교통혼잡도가 가장 높은 노선, 정류장, 시간대를 분석해 오라고 지시하였다.

8.2.2 1단계: 목표 이해하기

혜원은 데이터 분석 프로젝트를 시작하기에 앞서 이 과제의 목표에 대해서 정확히 알고자 한다. 교수, 더 나아가 과제를 지원하는 서울시에서 달성하고자 하는 본 과제의 목표를 정확히 이해하지 못한다면 열심히 한 분석이 무용지물이 될 수 있기 때문이다. 마침 서울시 과제 담당자와 혜원이 연구실에서 함께 만나는 킥오프 미팅이 예정되어 있었다. 혜원은 궁금한 질문을 정리하여 교수 및 서울시 과제 담당자에게 물어보기로 한다. 이러한 질문과 답변을 통해 과제의 이해관계자들 사이에서 명확한 기대치를 수립하는 것이 혜원의 주목적이라 할 수 있다. 킥오프 미팅에서 혜원은 준비한 여러 질문을 하였고, 그 결과로 프로젝트 목표를 조금 더 명확하게 이해할 수 있었다. 혜원의 질문을 통해 교수와 서울시 과제 담당자의 의견을 함께 듣고 조율할 수 있어서 상호 협의된 기대치를 설립하는 데도 큰 도움이 되었다. 다음은 혜원의 질문과 답변에 대한 예를 보여주고 있다.

---

15 *https://bit.ly/3yfrYgD*

🎧 **혜원**: 과제를 통해 해결하려고 하는 문제는 무엇인가요?

🤓 **교수님**: 서울시 버스의 교통 혼잡량을 감소시켜서 서울 시민과 버스 기사들의 편의를 증진하는 것이 주목적입니다.

🎧 **혜원**: 제가 수행해야 할 구체적인 업무에 대해 다시 한번 확인해 볼 수 있을까요?

🧑 **서울시 과제 담당자**: 서울시 버스의 승하차 인원 공공 데이터를 바탕으로 교통이 가장 혼잡한 버스노선, 정류장, 시간대를 파악하는 것이 주 업무라고 할 수 있겠습니다.

🎧 **혜원**: 프로젝트 기간은 어떻게 되나요?

🤓 **교수님**: 프로젝트 기간은 2021년 6월부터 12월까지 6개월로 계약되어 있습니다.

🎧 **혜원**: 분석 결과를 언제까지 도출해야 하나요?

🤓 **교수님**: 내부적으로 토의하고 수정할 수 있게 분석 결과는 지금부터 4주 이내에 도출했으면 좋겠습니다.

🎧 **혜원**: 분석 결과를 최종적으로 공유할 사람은 누구인가요?

🤓 **교수님**: 분석 결과는 먼저 서울시 교통정보과 직원들에게 공유할 것입니다. 서울시와 우리 연구실에서 합의한 결과들은 곧이어 이해관계자들(시민, 운수사업자, 교통전문가, 시민단체 대표, 시의원 등)과 공유할 계획입니다.

🎧 **혜원**: 결과를 어느 정도의 세부 수준으로 구상하고 있나요?

🧑 **서울시 과제 담당자**: 예를 들면, 버스노선별, 정류장별, 시간대별로 승하차 인원 현황에 대해 분석해 보는 것도 좋을 듯합니다.

혜원은 위와 같은 질문과 답변을 통해 보다 명확하게 과제가 추구하고자 하는 방향을 이해할 수 있었다. 그리고 이를 토대로 다음과 같이 프로젝트와 관련된 사항을 정리할 수 있었다.

- **프로젝트의 목표** 서울시 버스 교통혼잡도를 개선하여 교통혼잡비용을 감소시키고, 버스 기사와 승객들의 편의성 증진
- **혜원의 역할** 서울시 버스 승하차 인원 공공 데이터를 바탕으로 교통이 가장 혼잡한 버스노선, 정류장, 시간대를 파악하기
- **결과물** 승하차 인원수 밀집 버스노선, 정류장, 시간대 정리(데이터 정리 자료, 결과 리포트, 프레젠테이션 자료 포함)
- **결과물의 사용자** 서울시 교통정보과 직원들, 버스노선 이해관계자들(시민, 운수사업자, 교통전문가, 시민단체 대표, 시의원 등)

8.2.3 2단계: 계획 세우기

이제 과제의 목표가 명확하게 이해되었다면 프로젝트의 계획을 좀 더 면밀하게 구성해 볼 차례다. 혜원은 데이터를 분석, 발표 및 토의하기까지 4주의 시간을 교수님께 배정받았다. 혜원은 다음과 같이 작업 분할 구조도를 만들어서 4주간 자신이 수행해야 할 일들에 대해서 정리해 보았다. 데이터 취득과 전처리에 첫 2주를 할애할 계획이고, 나머지 2주는 데이터 분석과 시각화 및 발표에 사용할 계획이다. 그림 8.1과 같이 주별 구체적인 업무에 대해 정리해 놓았다.

그림 8.1 **작업 분할 구조도**

8.2.4 3단계: 데이터 취득 및 전처리하기

프로젝트에 대한 목표를 이해하고 계획을 세웠다면, 지금부터는 본격적으로 데이터를 다룰 차례다. 지금부터 혜원이 어떻게 데이터를 취득하고 분석 전 데이터 전처리 작업을 하는지 하나씩 살펴보자.

❶ 데이터 취득하기

혜원은 과제를 시작하면서 서울시 버스의 승하차 인원 정보를 공공 데이터 플랫폼에서 취득할 수 있다는 조언을 받았다. 그림 8.2와 같이 서울 열린데이터 광장 웹사이트(*https://data.seoul.go.kr*)로 가면 수많은 공공 데이터를 확인할 수 있었다. 혜원은 원하는 데이터를 얻기 위하여 검색창에 **'서울시 버스'**라는 키워드를 입력하였다.

그림 8.2 **서울 열린데이터 광장 웹사이트**

그 결과, 그림 8.3과 같이 39건의 관련 데이터 세트를 찾아낼 수 있었다(2021년 5월 8일 기준). 이 중 가장 상단에 위치한 **'서울시 버스노선별 정류장별 시간대별 승하차 인원 정보'** 데이터 세트 제목이 이 과제의 목표와 가장 밀접하다고 판단하였다.

그림 8.3 **서울시 버스 관련 공공 데이터**

해당 데이터 세트를 클릭하니 세분화된 데이터 파일들을 확인할 수 있었다. 그림 8.4 처럼 5개의 파일이 정리되어 있었는데, 가장 최근에 업로드된 2021년 4월의 버스 승하차 인원 정보 데이터를 취득하기로 하였다.

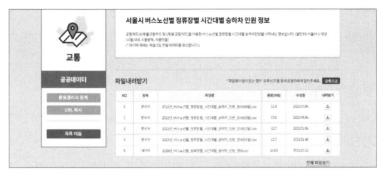

그림 8.4 **서울시 버스노선별 정류장별 시간대별 승하차 인원 정보 공공 데이터**

이 데이터를 가져오려면 그림 8.5와 같이 데이터 파일(CSV, JSON)을 직접 다운로드하는 경우와 API를 사용해서 데이터를 연결하는 두 가지 방법이 가능하였다. 혜원은 엑셀 소프트웨어를 사용할 예정이므로 엑셀에서 사용할 수 있는 CSV 형태의 데이터 파일을 다운로드하기로 결정했다. 이 외에도 서울 열린데이터 광장에서는 미리보기 서비스를 제공하여 데이터가 어떠한 구조로 구성되어 있는지 쉽게 파악할 수 있었다. 이 스프레드시트 파일 용량은 12.8MB이고, 혜원은 자신의 로컬 컴퓨터에 데이터를 저장하기로 한다.

그림 8.5 **서울시 버스노선 승하차 공공 데이터 취득 방법**

교수님: 혜원 학생, 데이터 세트를 자신의 개인 컴퓨터에 저장하는 것도 좋지만, 혹시나 모를 컴퓨터 이슈 및 해킹에 대비해서 학교에서 제공하는, 보안이 가능한 클라우드 시스템에 데이터 자료 및 추후 분석 과정 자료를 공유하는 것이 좋을 것 같아요.

혜원: 교수님, 좋은 의견 감사드립니다. 클라우드 시스템에 과제 폴더를 정리해서 공유하고 자료를 클라우드 서버에 앞으로 순차적으로 업데이트하겠습니다.

❷ 데이터 전처리하기

이제부터는 취득한 데이터에 대해 전처리 작업을 할 차례다. 혜원은 우선 다운로드한 스프레드시트(CSV) 파일을 열어 보았다. 그런데 그림 8.6과 같이 한글 텍스트가 모두 깨져서 나오는 것이었다. 혜원이 서울 열린데이터 광장의 미리보기로 데이터를 확인하였을 때는 분명 한글 텍스트가 제대로 나오고 있었다.

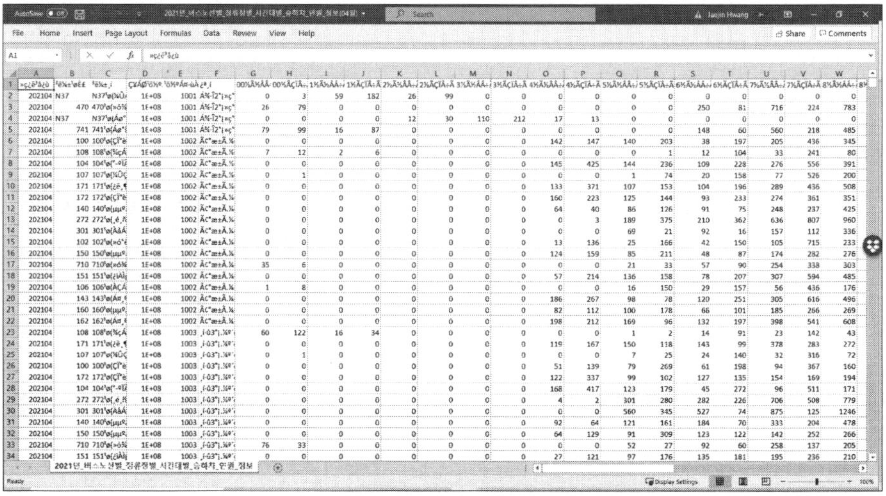

그림 8.6 **한글 텍스트가 깨진 데이터 세트**

혜원은 대학원 선배들에게 이 문제에 관해 물어보니 엑셀 소프트웨어를 먼저 열고 CSV 파일을 불러와야 한다는 것을 알게 되었다. 이때 그림 8.7과 같이 파일의 출처에 한국을 설정해 주면 한글 텍스트가 제대로 보인다는 것을 확인하였다.

그림 8.7 **데이터 세트의 한글 텍스트 설정**

드디어 그림 8.8과 같이 정돈된 데이터를 엑셀 소프트웨어를 통해 불러올 수 있었다.

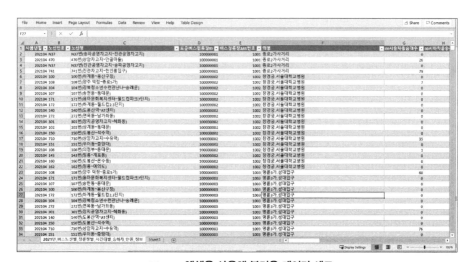

그림 8.8 **엑셀을 사용해 불러온 데이터 세트**

혜원은 지금부터 데이터의 품질에 문제가 없는지 데이터의 무결성 검사를 해보기로 한다. 그림 8.9와 같이 사용년월은 숫자, 노선번호는 고유의 식별코드, 노선명은 한글 텍스트, 표준버스정류장ID는 코드 숫자, 역명은 한글 텍스트 등으로 정리가 되어 있는 것을 확인할 수 있었다. 총 38,961열의 데이터를 살펴본 결과, 데이터의 형태가 뒤바뀌거나 이상한 문자가 데이터에 포함되어 있는 경우는 찾아볼 수 없었다.

사용년월	노선번호	노선명	표준버스정류장ID	버스정류장ARS번호	역명
202104	N37	N37번(송파공영차고지~진관공영차고지)	100000001	1001	종로2가사거리
202104	470	470번(상암차고지~안골마을)	100000001	1001	종로2가사거리
202104	N37	N37번(진관공영차고지~송파공영차고지)	100000001	1001	종로2가사거리
202104	741	741번(진관차고지~헌인릉입구)	100000001	1001	종로2가사거리
202104	100	100번(하계동~용산구청)	100000002	1002	창경궁.서울대학교병원
202104	108	108번(양주 덕정~종로5가)	100000002	1002	창경궁.서울대학교병원
202104	104	104번(강북청소년수련관난나~숭례문)	100000002	1002	창경궁.서울대학교병원
202104	107	107번(송현동~동대문)	100000002	1002	창경궁.서울대학교병원
202104	171	171번(용마문화복지센터~월드컵파크7단지)	100000002	1002	창경궁.서울대학교병원
202104	172	172번(하계동~월드컵2.3단지)	100000002	1002	창경궁.서울대학교병원
202104	140	140번(도봉산역~AT센터)	100000002	1002	창경궁.서울대학교병원
202104	272	272번(면목동~남가좌동)	100000002	1002	창경궁.서울대학교병원
202104	301	301번(장지공영차고지~혜화동)	100000002	1002	창경궁.서울대학교병원
202104	102	102번(상계동~동대문)	100000002	1002	창경궁.서울대학교병원
202104	150	150번(도봉산~석수역)	100000002	1002	창경궁.서울대학교병원
202104	710	710번(상암차고지~수유역)	100000002	1002	창경궁.서울대학교병원
202104	151	151번(우이동~중앙대)	100000002	1002	창경궁.서울대학교병원
202104	106	106번(의정부~동대문)	100000002	1002	창경궁.서울대학교병원
202104	143	143번(정릉~개포동)	100000002	1002	창경궁.서울대학교병원
202104	160	160번(도봉산~온수동)	100000002	1002	창경궁.서울대학교병원
202104	162	162번(정릉~여의도)	100000002	1002	창경궁.서울대학교병원
202104	108	108번(양주 덕정~종로5가)	100000003	1003	명륜3가.성대입구

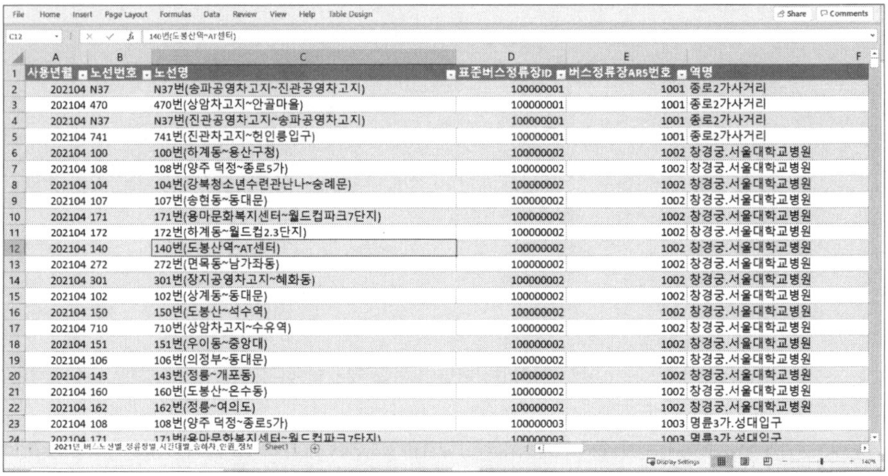

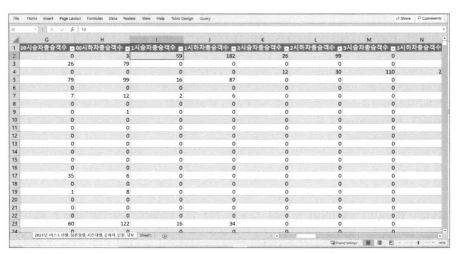

그림 8.9 **데이터 예시**

혜원은 데이터를 자세히 살펴보니 각 시간대별로 승차총승객수와 하차총승객수가 그림 8.10처럼 각 행에 배치되어 있는 것을 확인할 수 있었다.

00시승차총승객수	00시하차총승객수	1시승차총승객수	1시하차총승객수	2시승차총승객수	2시하차총승객수	3시승차총승객수	3시하차총승객수
0	3	59	182	26	99	0	
26	79	0	0	0	0	0	
0	0	0	0	12	30	110	2
79	99	16	87	0	0	0	
0	0	0	0	0	0	0	
7	12	2	6	0	0	0	
0	0	0	0	0	0	0	
0	1	0	0	0	0	0	
0	0	0	0	0	0	0	
0	0	0	0	0	0	0	
0	0	0	0	0	0	0	
0	0	0	0	0	0	0	
0	0	0	0	0	0	0	
0	0	0	0	0	0	0	
0	0	0	0	0	0	0	
35	6	0	0	0	0	0	
0	0	0	0	0	0	0	
1	8	0	0	0	0	0	
0	0	0	0	0	0	0	
0	0	0	0	0	0	0	
0	0	0	0	0	0	0	
60	122	16	34	0	0	0	

그림 8.10 **승차총승객수와 하차총승객수의 시간대별 정리**

혜원: 교수님, 데이터 세트를 열어 보니 매우 많은 변수가 행별로 존재하는데, 이러한 변수를 각각 따로 분석해야 할까요?

교수님: 혜원양, 그러한 방법도 좋긴 하지만 시간이 오래 걸리고 자칫 반복적인 분석 느낌이 강하게 들 수 있겠어요. 혜원양이 추가로 통합적인 변수를 만들어 보는 건 어떨까요?

혜원: 교수님 말씀에 저도 동의합니다. 현재 데이터 세트에는 승차승객수와 하차승객수가 따로 구분되어 있는데, 이를 통합해서 승하차승객수 변수를 따로 만드는 것은 어떨까요?

교수님: 좋은 생각이네요. 그렇게 진행해 보세요.

혜원은 교수님과의 면담 끝에 이 데이터에서 더 나아가 시간대별로 승차총승객수와 하차총승객수를 합한 승하차총승객수를 추가로 분석하면 좋을 것 같다고 판단하였다. 혜원은 시간대별로 행을 추가하고 엑셀에 있는 SUM 기능을 사용하여 승차총승객수와 하차총승객수를 더한 값을 자동으로 계산하도록 하였다. 이 외에도 하루 내 모든 시간대의 승하차총승객수를 합산한 변수를 새로운 행에 추가하였다. 그림 8.11과 같이 추가적인 변수를 정리할 수 있었다.

	00시승차총승객수	00시하차총승객수	00시승하차총승객수	1시승차총승객수	1시하차총승객수	2시승차총승객수	2시하차총승객수
2	0	3	3	59	182	26	99
3	26	79	105	0	0	0	0
4	0	0	0	0	0	12	30
5	79	99	178	16	87	0	0
6	0	0	0	0	0	0	0
7	7	12	19	2	6	0	0
8	0	0	0	0	0	0	0
9	0	1	1	0	0	0	0
10	0	0	0	0	0	0	0
11	0	0	0	0	0	0	0
12	0	0	0	0	0	0	0
13	0	0	0	0	0	0	0
14	0	0	0	0	0	0	0
15	0	0	0	0	0	0	0
16	0	0	0	0	0	0	0
17	35	6	41	0	0	0	0
18	0	0	0	0	0	0	0
19	1	8	9	0	0	0	0
20	0	0	0	0	0	0	0
21	0	0	0	0	0	0	0
22	0	0	0	0	0	0	0

그림 8.11 **엑셀의 SUM 기능을 사용해 승하차총승객수 변수 추가**

4단계: 데이터 분석하기

혜원은 지금부터 데이터 분석을 위해 어떠한 분석 도구를 사용하는 것이 좋을지 결정해야 할 차례다. 혜원은 앞서 확인한 대로 이미 데이트 취득과 전처리 과정에서 **엑셀**을 사용하고 있다. 엑셀은 사용하기에 쉽고 데이터 정리에도 효과적이기 때문이다. 또한, 정리된 엑셀 파일을 대부분의 다른 소프트웨어에서 쉽게 불러올 수 있어서 호환성 측면에서도 좋다.

혜원은 추가적으로 연구실 내부 미팅 때 결과 분석 발표를 위해 비즈니스 인텔리전스 도구들 중 하나를 사용하기로 했다. 비즈니스 인텔리전스 도구들은 데이터 시각화를 중점적으로 다루고 있어서 이 데이터의 결과를 연구실 교수님과 서울시 관계자들에게 발표할 때 효과적이라고 판단하였다. 여러 비즈니스 인텔리전스 도구 중 혜원은 **태블로** 소프트웨어를 사용하기로 했다. 태블로는 여러 소프트웨어 중에서도 단연 뛰어난 그래픽과 시각화 기능이 있어서 이해관계자들에게 효과적인 의사전달을 할 수 있다고 판단했기 때문이다. 그림 8.12와 같이 태블로 소프트웨어를 사용하여 앞서 엑셀로 정리한 데이터 파일을 불러왔다.

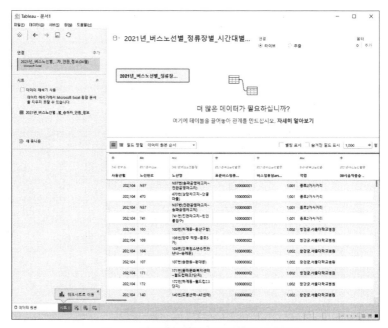

그림 8.12 **태블로를 통해 데이터 세트 불러오기**

❶ 차트 선정하기

지금부터는 수많은 차트 중 어떠한 차트를 선택하는 것이 효과적일 것인가에 대해 고민해 볼 차례다. 우선, 프로젝트의 목적에 대한 이해를 토대로 분석과 관련된 질문들을 다음과 같이 정리해 보았다.

☑ 승하차 인원수가 가장 밀집되는 버스노선은 어디일까?

☑ 승하차 인원수가 가장 밀집되는 정류장들의 점유율은 어떻게 될까?

☑ 승하차 인원수가 가장 밀집되는 시간대는 언제일까?

첫 번째 질문('승하차 인원수가 가장 밀집되는 버스노선은 어디일까?')에 대해서는 버스노선 간의 비교 분석이 적합하겠다고 혜원은 판단한다. 데이터 세트를 확인한 결과, 총 620개의 버스노선이 존재하였다. 혜원은 비교 분석과 관련된 세 가지 차트 후보의 본 과제 적용 가능성에 대해 다음과 같이 정리해 보았다.

- **수직 막대 차트**

  장점: 항목의 수치가 증가 혹은 감소하는 경향을 쉽게 파악할 수 있음. 주로 항목의 수가 10개 미만일 때 효과적임

  단점: 620개의 버스노선을 한 차트에 넣으면 각 막대와 노선 이름의 크기가 작아져 읽기에 불편함이 발생

- **수평 막대 차트**

  장점: 항목의 수가 많거나 이름이 길 경우 효과적으로 사용됨

  단점: 620개의 버스노선을 비교하기 위해서 스크롤 바를 아래로 내리면서 분석을 진행해야 함

- **라인 차트**

  장점: 데이터의 작은 변화도 쉽게 파악할 수 있음

  단점: 버스노선 간의 데이터 추이를 분석하는 것이 주목적이 아니기 때문에 청중에게 의도된 바를 잘못 전달할 수 있음

각 차트의 장단점을 비교 분석한 결과, 혜원은 공간을 효율적으로 활용할 수 있는 수평 막대 차트가 제일 적합하겠다고 판단하였다. 하지만 수평 막대 차트를 사용한다 하더라도 620개의 버스노선을 차트에 모두 담아내기에는 한계가 있었다.

💡 **교수님의 팁!**

혜원: 교수님, 수평 막대 차트를 사용해서 승하차 인원수의 버스노선별 비교 분석을 수행해 보려 하는데요. 버스노선의 수가 620개여서 이를 차트에 다 담아내려고 하니 어려움이 있습니다. 교수님의 의견을 부탁드립니다.

교수님: 혜원양, 우선 수평 막대 차트 사용은 좋은 생각 같아요. 그러나 620개의 노선을 효과적으로 담아내는 차트는 아마 찾기 힘들 거예요. 이 과제의 목적은 교통이 가장 혼잡한 노선들을 추려내는 것이니까 말이죠. 승하차 인원수가 가장 높은 상위 20개 노선 정도를 우선 추려내서 그 후에 차트 분석을 수행하는 것은 어떨까요?

혜원: 교수님, 좋은 의견을 주셔서 감사드립니다. 그렇게 진행하겠고, 이러한 필터링 작업 사항을 결과 보고서 및 발표 때 명확하게 전달하겠습니다.

혜원은 교수님과의 토의 결과 그림 8.13과 같이 승하차 인원수가 가장 밀집된 상위 20개 버스노선을 내림차순으로 배열하기로 하였다.

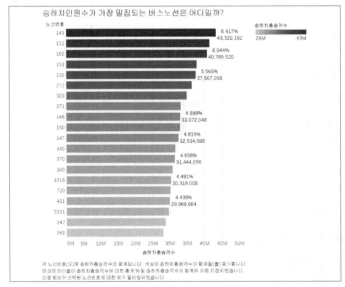

그림 8.13 **수평 막대 차트를 활용한 버스노선에 따른 승하차 인원수 분석**

두 번째 질문('승하차 인원수가 가장 밀집되는 정류장들의 점유율은 어떻게 될까?')에 대해서는 총승하차 인원수에 대해서 어떠한 정류장이 높은 비율을 차지하고 있는지에 대해 구성 분석을 수행하는 것이 적합하다고 혜원은 판단하였다. 구성 분석에 사용되는 세 가지 차트 후보에 대하여 이 과제의 적합성에 대해 혜원은 다음과 같은 비교 분석을 수행하였다.

- **파이 차트**

  장점: 정류장 간의 상대적인 비율을 파이 조각의 크기를 통해 직관적으로 이해 가능함. 대용량 데이터도 쉽게 요약 가능함

  단점: 비교해야 할 정류장의 수가 많은 경우 상대적인 차이를 구분해 내기 힘듦

- **누적 막대 차트**

  장점: 정류장 간의 상대적 비율을 막대 길이를 통해 분석 가능함

  단점: 비교해야 할 정류장 수가 많은 경우 각각의 막대를 식별하기 어려움. 하나의 변수(승하차 인원수)만을 분석한다면 한 개의 누적 막대만 그려지게 되어 시각적으로 단조롭게 보일 수 있음

- **누적 영역 차트**

  장점: 구성 분석 외에 시간에 따른 항목들의 추이를 함께 분석 가능함

  단점: 이 정류장 분석에서 시간의 흐름은 고려사항이 아니므로 청중에게 오해의 소지를 일으킬 수 있음

혜원은 각 차트의 비교 분석을 통해서 **파이 차트**가 이 과제의 질문을 답하는 데 가장 적합하겠다고 판단하였다. 파이 차트의 특성상 모든 정류장을 한 차트에 넣기에는 제한점이 존재하므로 그림 8.14와 같이 상위 10개 정류장(역명)을 선별하여 구성 분석을 실시하였다.

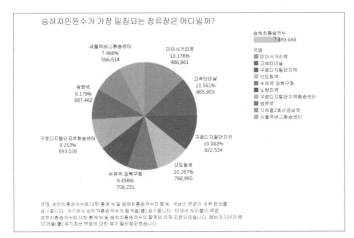

그림 8.14 파이차트를 활용한 정류장(역명)에 따른 승하차 인원수 분석

세 번째 질문('승하차인원수가 가장 밀집되는 시간대는 언제일까?')에 대해서는 시간대별 비교 분석을 수행하는 것이 적절할 것이라고 혜원은 판단하였다. 비교 분석과 관련된 여러 차트 중 혜원은 시간대별 패턴을 분석하기에 적절한 라인 차트를 사용하기로 결정했다. 그림 8.15와 같이 00시부터 23시까지 시간대순으로 승하차총승객수의 변화에 대해 라인 차트로 시각화하였다.

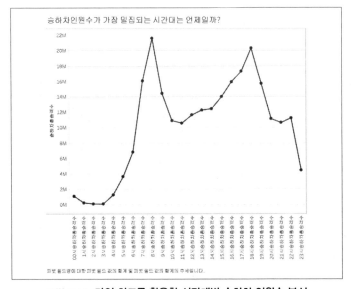

그림 8.15 라인 차트를 활용한 시간대별 승하차 인원수 분석

❷ 차트 분석하기

지금부터 혜원은 앞서 만든 세 가지 차트에 대하여 각각의 질문에 답하기 위한 분석을 실시하기로 한다.

- **승하차 인원수가 가장 밀집되는 버스노선은 어디일까?**

  그림 8.16과 같이 수평 막대 차트를 사용하여 승하차 인원수가 높은 순서대로 버스노선을 배치한 결과, 143번 노선이 가장 높은 인원수를, 그 다음으로 152번, 160번 노선 순이었다. 이 상위 3개의 노선이 전체 승하차 인원수의 17.8%를 차지하고 있는 것을 알 수 있었다. 총 버스노선의 수가 620개인 것을 감안하였을 때 이 세 개의 노선에 많은 교통량이 밀집되어 있음을 확인할 수 있었다. 특히, 143번 노선은 서울특별시 성북구 정릉동을 기점으로 서울특별시 강남구 개포동을 종점으로 운행하는 버스노선으로서 각종 뉴스 기사에서도 서울 시내버스 이용객 수 1위 노선으로 알려져 있는 것을 재차 확인할 수 있었다.

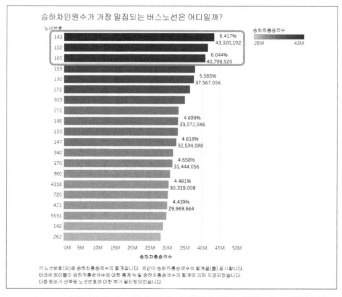

그림 8.16 **수평 막대 차트를 활용한 승하차 인원수 밀집 버스노선 분석**

- **승하차 인원수가 가장 밀집되는 정류장들의 점유율은 어떻게 될까?**

그림 8.17과 같이 파이 차트를 사용하여 구성 분석을 실시해 본 결과, 미아사거리 역이 가장 높은 승하차 인원수를 보이고, 그 다음으로 고속터미널, 구로디지털단지 역 순이었다. 파이 차트 분석 결과, 상위 10개의 밀집된 정류장 내에서 미아사거리 역, 고속터미널, 구로디지털단지역, 신도림역이 총 46%로 약 절반가량의 점유율을 보이는 것으로 나타났다. 특히 가장 높은 점유율을 보인 미아사거리역은 하루에 52개의 노선이 미아사거리역에서 승하차하는 환경이 크게 작용한 것으로 보인다.

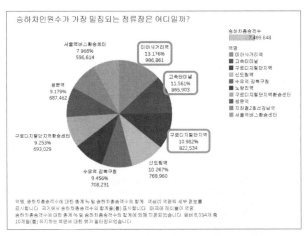

그림 8.17 **파이차트를 활용한 승하차 인원수 밀집 정류장 분석**

- **승하차 인원수가 가장 밀집되는 시간대는 언제일까?**

그림 8.18과 같이 라인 차트를 통하여 시간대별 승하차 인원수 비교 분석을 실시 해 본 결과, 혜원은 오전 8시에 가장 높은 승하차 인원을 보이고 그다음으로 오후 6시에 높은 승하차 인원수를 보이는 것을 확인할 수 있었다. 예상했던 대로 출퇴 근 시간대에 가장 높은 수요를 보인 것을 알 수 있었다. 이 외에도 새벽 4시부터 오전 8시까지 승하차 인원수는 지속해서 증가하는 추세를 보였고, 그 뒤로 오전 11시까지는 감소하는 경향을 보였다. 그리고 오전 11시 이후부터 오후 6시까지는 승하차 인원수가 지속해서 증가하였으며, 그 후로는 대체로 감소하는 경향을 볼 수 있었다.

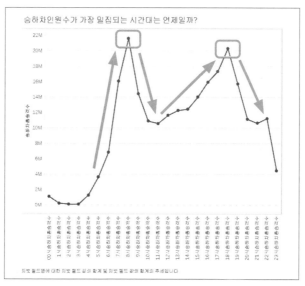

그림 8.18 **라인 차트를 활용한 승하차 인원수 밀집 시간대 분석**

5단계: 시각화 및 발표하기

이제 차트를 통한 분석을 마친 혜원은 곧 연구실 미팅에서 결과 발표를 위한 자료를 준비할 차례다. 혜원은 세 가지 차트를 한데 모아서 발표하기에 쉬운 **대시보드**를 작성하는 것이 좋겠다고 판단하였다. 지금부터 혜원이 대시보드를 어떻게 구성하고 발표에 효과적으로 전달하게 되는지 살펴보자.

❶ 시각화하기

혜원은 앞서 분석한 세 가지의 차트를 통합한 대시보드를 사용하기로 하였다. 혜원은 주 실무진이 사용하게 되고 대용량 데이터를 주로 다루는 **분석 대시보드**가 이 과제의 성향에 알맞다고 판단하였다. 혜원은 대시보드 구성과 관련하여 또 한 번 교수님과의 짧은 회의를 진행하였다.

💡 **교수의 팁!**

혜원: 앞서 수행한 수평 막대 차트, 파이 차트, 라인 차트를 바탕으로 대시보드를 제작하려 하는데요. 어떠한 점들을 고려하면 좋을지 조언을 부탁드립니다.

교수: 혜원양, 아무래도 청중이 세 종류의 차트를 한눈에 보게 되므로 시각적으로 불필요한 요소들은 가능한 한 제거하는 것이 좋을 것 같아요.

혜원: 좋은 의견에 감사드립니다. 그러면 색상의 농도를 설명하는 내용이나 반복적인 변수 설명 박스들을 제거하겠습니다.

교수: 좋아요. 그 외에도 대시보드를 바탕으로 서울시 과제 담당자와 질의응답을 하게 될 것이니 대시보드의 변수 및 데이터들을 서로 조정할 수 있으면 좋겠어요.

혜원: 교수님의 의견에 저도 동의합니다. 대시보드에 필터링 기능, 데이터 세트 간의 연결 기능 등을 추가하겠습니다.

교수와의 회의 내용을 바탕으로 혜원은 태블로를 사용하여 다음과 같은 대시보드를 작성하였다. 앞선 회의 내용대로 혜원은 너무 많은 내용을 한곳에 담으면 자칫 산만해질 수 있으므로 불필요한 설명이 들어 있는 박스들은 제거해서 전체적으로 정돈되고 집중된 인상을 심어주도록 구성하였다.

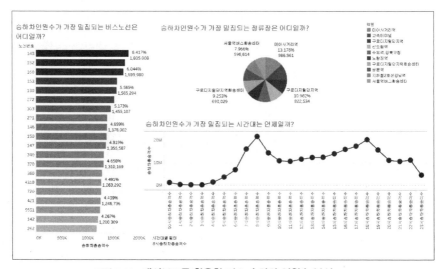

그림 8.19 **대시보드를 활용한 버스 승하차 인원수 분석**

혜원은 표 8.1과 같이 좋은 대시보드의 기준을 진단하는 체크리스트를 활용하여 현재 구성된 체크리스트의 품질에 대해서 자체적으로 검증해 보았다. 체크리스트 진단 결과, 네 가지 항목에 대해서는 적합한 대시보드를 작성한 것으로 확인되었다. 하지만 이해관계자들이 쉽게 접속 가능한 부분에서는 개선할 여지가 있음을 발견하였다.

표 8.1 **대시보드의 품질 체크리스트**

1. 심플하고, 쉽게 소통할 수 있는가?	예☐	아니오☐
2. 혼동을 주는 요소들이 적은가?	예☐	아니오☐
3. 데이터가 목적에 의미 있고 쓸 만한가?	예☐	아니오☐
4. 시각적으로 자연스럽게 정보를 습득할 수 있는가?	예☐	아니오☐
5. 이해관계자들이 쉽게 접속할 수 있는가?	예☐	아니오☐

혜원은 태블로 라이선스가 없는 이해관계자들도 쉽게 접속할 수 있도록 **태블로 퍼블릭** 서버를 사용하여 대시보드의 링크 주소를 공유하도록 설정하였다. 이를 통해 해당 주소로 들어가면 실시간으로 업데이트되는 대시보드를 이해관계자들이 쉽게 접근할 수 있었다.

❷ 발표 및 스토리텔링하기

혜원은 대시보드를 읽을 때 청중의 시선이 책을 읽듯이 자연스럽게 **좌에서 우로 이동** 하는 것에 착안해, 제일 먼저 언급하고 싶은 차트를 가장 좌측에 배치하였다. 처음으로 승하차 인원수가 가장 밀집된 버스노선에 대하여 수평 막대 차트를 통해 교수님 및 다른 연구원들에게 소개할 계획이다. 그다음으로, 자연스럽게 우측 상단에 위치한 파이 차트를 소개하면서 승하차 인원수가 가장 높은 정류장에 대해서 발표할 예정이다. 마지막으로, 우측 하단에 위치한 라인 차트를 사용하여 시간대별 승하차 인원수의 변화에 대하여 설명할 것이다.

발표 시 청중과의 상호작용을 도모하기 위하여 대시보드 하단에 **시간대별 필터링**을 추가하였다. 예를 들면, 그림 8.20의 수평 막대 차트와 파이 차트는 오전 8시의 데이터를 바탕으로 업데이트된 차트를 보여준다. 이때 파이 차트에서 가장 승객수가 밀집되었던 정류장인 미아사거리역을 하이라이트하여 시각 효과를 더욱 높여 논의를 진행할 수 있다. 혜원은 이렇게 상호작용이 가능한 대시보드를 통해 회의 중 교수님과 대학원생들의 질문에 맞춰 대시보드를 유기적으로 변화시킬 수 있었다. 이는 회의에 참여한 구성원들에게 큰 호응을 얻었다.

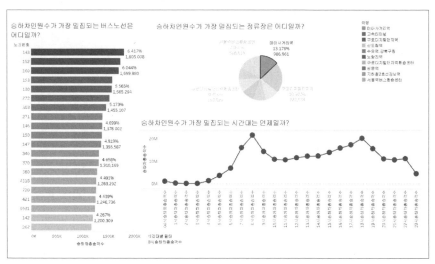

그림 8.20 **대시보드를 통한 청중과의 상호작용**

8.3 교훈 및 개선점 찾기

혜원은 본 프로젝트를 처음으로 진행하게 되면서 데이터 분석 프로젝트의 전반적인 절차를 이해하고 체계적으로 운영하는 것이 얼마나 중요한지 몸소 깨닫게 되었다. 혜원의 대학원 입학 후 첫 과제는 교수님과 서울시 관계자들을 만족시키며 성공적으로 마무리되었다. 과제 초기에 많은 의사소통을 통해 목표를 명확히 이해하고 상대방과의 기대치를 명확히 수립하는 것이 과제를 효율적으로 진행하는 데 큰 도움이 되었다. 서울시가 제공하는 공공 데이터를 활용하여 엑셀 소프트웨어를 통해 데이터를 취득 및 전처리하는 과정도 데이터의 품질을 진단하는 데 효과적으로 작용하였다.

과제의 목표를 달성하기 위한 적절한 차트를 선정하기 위해 혜원은 많은 고민을 하였고, 대시보드를 동원하여 차트의 효과적인 시각화 및 성공적인 첫 번째 발표를 이끌어냈다.

첫 번째 프로젝트 발표가 성공적으로 마무리되었지만, 혜원은 **추가적인 개선점**에 대한 피드백도 얻을 수 있었다. 추가적 개선점에 대한 목록은 다음과 같다.

- 통계적인 분석을 추가로 고려하여 유의한 차이를 보이는 변수를 객관적으로 발견해 내는 것도 도움이 될 것으로 보임
- 승하차 인원수가 가장 밀집된 노선(예 143번 노선)들은 더욱 심층적인 분석을 하여 해당 노선 중 어떠한 정류장이나 시간대에서 교통혼잡의 주요 요인을 밝히는 것도 추후 개선안을 만드는 데 도움이 되리라 판단됨
- 분석 결과를 바탕으로 어떠한 개선점들이 버스 승객과 버스 기사들의 편의성을 증대시킬 수 있는지에 대한 고찰이 필요함

혜원은 위의 의견들을 남은 프로젝트 기간에 추가로 반영할 계획이다. 통계 분석의 경우 **R** 혹은 **SPSS**를 사용하여 통계적 유의성에 대하여 진단해 볼 계획이다. 태블로와 엑셀의 필터 기능을 사용하여 교통이 혼잡한 주요 노선들에 대해서 더욱 심층적 분석을 수행할 예정이다. 마지막으로, 과제 팀원들과 함께 여러 차례에 걸친 브레인스토밍 회의를 통해 현실적이고 효과적인 개선안들에 대해 제안할 계획이다.

최근 전 세계적으로 가짜 뉴스가 큰 이슈가 되고 있다. 선거철 기간에 가짜 뉴스로 잘못된 여론을 조성하기도 하고, 유명인들은 가짜 뉴스로 인해 정신적 고통을 얻는 등 가짜 뉴스는 여러 사회적인 폐해를 만들고 있다. 가짜 뉴스는 대부분 소셜 미디어 플랫폼, 온라인 채널 및 디지털 미디어, 그리고 카카오톡과 같은 메신저를 통해 확산된다.

이러한 가짜 뉴스 또한 데이터 분석 프로젝트를 통해 정보가 실제로 존재하는지 또는 거짓 정보인지 판단할 수 있는데, 이를 위해 사실 및 진위 여부를 감지할 수 있는 특정 모델을 개발해야 한다. 분석에는 주로 파이썬 언어가 사용되는데, 주요 아이디어는 소셜 미디어 뉴스의 진위를 정확하게 감지할 수 있는 실시간 머신러닝(기계학습) 모델을 개발하는 것이다.

일반적으로 단일 문서에 단어가 나타나는 총 횟수와 단어의 가치를 계산하는 척도를 이용하여 다양한 문서에 나타나는 해당 단어의 평판 수치를 분석에 이용한다. 즉, 뉴스에 등장하는 단어가 여러 기사에서 높은 빈도로 나타나면 더 중요한 단어로 간주하는 등의 과정을 거친다. 소셜 미디어 뉴스가 진짜인지 가짜인지 감지하는 머신러닝 모델을 만들어 지속적인 학습 과정을 거치면 정확도 높은 분석 결과를 얻을 수 있다.

09

케이스 스터디 2:
온라인 쇼핑몰 마케팅 신입의
블랙컨슈머 분석 프로젝트

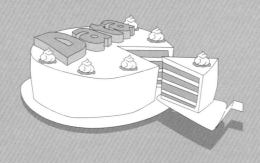

보경은 올해 2월에 대학을 갓 졸업한, 마케팅 부서의 신입 직원이다. 어려운 취업난 속에서 다행히도 최근 급성장하고 있는 온라인 쇼핑 플랫폼 회사 '쿠켓컬리'[16]에 취직하였다. 보경이 취업한 회사는 타 경쟁 온라인 쇼핑몰과 차별화된 서비스를 제공하고 있다. 다양한 물품을 저렴하게 판매하면서 빠른 배송 서비스로 급성장하고 있는 온라인 쇼핑몰이다. 영문과 출신이고 뼛속까지 문과 성향인 보경은 타 취업준비생처럼 취업에 유리한 경영학을 이중으로 전공한 성실한 학생이었다. 치열한 경쟁을 이겨내고 취업에 성공하였고, 원하던 마케팅 업무를 수행할 수 있다는 부푼 꿈을 가지고 회사 생활을 시작하였다.

사회 초년생인 보경에게 회사 생활은 녹록지 않았다. 원하는 마케팅 부서 업무를 맡아 기뻐하기도 잠깐, 회사가 성장하는 과정이기 때문에 여러 업무를 동시에 수행해야 했고, 학교에서 전혀 배운 적이 없던 업무를 맡아야 하는 경우도 많았다. 특히, 온라인 쇼핑 플랫폼의 특성에 데이터를 다뤄야 하는 경우가 많았는데, 문과 출신인 보경에게 여러 기술을 단기간에 습득하기가 고통스럽기까지 하였다. 그렇게 하루하루 맡은 일을 해결하며 회사 생활을 이겨내던 중에 마케팅팀장님이 보경을 불러 새로운 업무 지시를 내렸다. 그것은 바로 회사의 수익에 악영향을 끼치는 블랙컨슈머[17] 또는 체리피커[18]와 관련한 데이터 분석 프로젝트에 관한 것이었다. 팀장님은 보경이 이 프로젝트를 맡아 진행해 주길 바란다고 하였다. 보경의 팀장은 회사가 가지고 있는 방대한 데이터와 실시간 거래 데이터를 활용하여 분석한다면 블랙컨슈머 또는 체리피커의 성향과 거래 패턴을 파악하고 이를 대처할 방안을 마련할 수 있을 것이라고 하였다. 회사에서 이 프로젝트에 거는 기대가 큰 만큼 보경이 이번 프로젝트를 잘 이끌어

---

16 이 케이스에서 등장하는 인물, 회사, 그리고 제시하는 데이터는 모두 가상임을 밝혀둔다.

17 블랙컨슈머(black consumer)는 악성을 뜻하는 '블랙(black)'과 소비자를 뜻하는 '컨슈머(consumer)'를 합친 용어로, 터무니없거나 무리한 요구를 하는 행동을 하는 악성 소비자를 말한다.

18 신포도 대신 체리(버찌)만 골라 먹는 사람(cherry picker)이라는 뜻으로, 기업을 상대로 기업의 상품이나 서비스를 구매하지 않으면서 자신의 실속을 차리기에만 관심을 두고 있는 소비자를 말한다.

주길 바란다고 하며, 필요한 것이 있으면 가능한 모든 것을 지원할 것이라고까지 하였다.

보경은 퇴근 후 가슴이 답답함을 느꼈다. 급격히 성장하고 있는 회사이고 기회가 많다는 것은 알고 있었지만, 입사한 지 얼마 되지 않은 신입에게 이런 프로젝트를 맡기다니… 하지만 보경은 다시 한번 생각해 보았고, 이번에 이 프로젝트를 잘 마무리하면 앞으로의 회사 생활은 탄탄대로가 되지 않을까 하는 기대도 하게 되었다.

그림 9.1 **유통업계의 난제, 블랙컨슈머**

9.1.1 **학습 목표**

이 케이스 스터디 예제를 통해 다음과 같은 사항을 배울 수 있다.

- 새로운 데이터 분석 프로젝트를 기획하고 진행하는 법
- 신규 프로젝트의 목표를 설정하고 계획을 세우는 법
- 프로젝트의 기대치를 파악하고 비즈니스 시나리오를 구상하는 법
- 필요 데이터를 파악하고 취득하는 방법
- 필요한 자원을 확보하여 데이터 분석 프로젝트를 이끄는 법
- 관련 산출물을 정의하고 만드는 법
- 결과 검증 및 수정 방법

9.1.2 케이스 난이도(하/중/상)

이 케이스는 우선 관련 기술과 경험이 전무한 개인이 대용량의 데이터를 기반으로 하여 조직이 직면한 문제를 해결해야 하는 **'중' 이상 난이도**의 프로젝트다.

- 분석 데이터 확보의 난이도: **하**(내부 데이터를 활용하기에 데이터 취득이 수월함)
- 분석 데이터의 용량: **상**(분석 대상이 되는 데이터의 용량은 온라인 쇼핑몰의 방대한 거래 데이터)
- 해결해야 하는 문제의 난이도: **상**(블랙컨슈머 또는 체리피커 고객을 데이터를 기반으로 분석하는 고난도의 문제)
- 이해관계자와의 소통: **중**(분석 과정에서 만나고 상대해야 하는 이해관계자는 IT 부서 담당자나 데이터베이스 담당자, 그리고 마케팅 담당자 등 다양한 이해관계자가 존재. 서로의 배경과 이해 정도가 다르기 때문에 서로의 눈높이와 이해도에 맞도록 적절히 대응해야 하는 어려움이 있음)
- 기술적인 난이도: **중-하**(분석 도구, 테크닉 난이도에 있어서는 SQL을 사용하나 문제 해결 과정에서 복잡한 내용을 다룰 수 있어서 고난도의 테크닉을 요구할 수도 있음. 하지만 케이스의 주인공이 기술적인 배경이 없기 때문에 IT 부서의 데이터 분석 전문가의 도움을 받을 예정)

9.2 케이스 스터디 분석 프로젝트

앞에서 다루었던 데이터 분석 프로젝트 수행 절차에 따라 지금부터 신입사원 보경에게 주어진 데이터 분석 프로젝트 수행 과정을 살펴보자. 이 케이스는 독자의 이해를 돕기 위해 가상의 회사, 인물, 시나리오, 그리고 가상 데이터를 바탕으로 독자들의 이해를 돕기 위해 허구로 만들어졌음을 다시 한번 밝힌다.

온라인 마켓은 지속해서 성장하고 있지만, 온라인 쇼핑 업계의 치열한 경쟁 속에서 수익성 확보가 화두다. 기존의 유통업체, 온라인 쇼핑몰, 그리고 새로운 서비스를 앞세운 이커머스 플랫폼 업체는 빠른 배송, 무료 배송, 그리고 조건 없는 환불 및 반품 등을 내세우며 생존을 위해 치열하게 경쟁하고 있다.

고객의 입장에서는 이러한 치열한 경쟁 덕분에 다양한 혜택과 최고의 쇼핑 경험을 누릴 수 있게 되었다. 특히, 온라인 쇼핑의 특성상 직접 보고 구매할 수 없기 때문에 구매를 주저하던 고객까지도 빠른 배송과 무료 반품으로 인해 자연스럽게 온라인 쇼핑 시장을 이용하게 되었다. 고객들이 과거에 온라인에서 구매를 주저하던 의류 등의 상품도 실제로 입었을 때 맞지 않아도, 심지어 온라인에서 본 것과 색상이나 느낌이 다르다는 이유로도 환불이나 반품을 할 수 있어서 걱정 없이 쇼핑할 수 있다. 여기에 다양한 포인트, 마일리지, 그리고 이벤트와 프로모션의 혜택까지 누릴 수 있어서 온라인 쇼핑 시장은 지속해서 커가고 있다. 하지만 플랫폼 비즈니스 특성상 초기에 고객 확보와 시장 선점이 중요하기 때문에 업체들은 출혈 경쟁을 통해 시장 점유율을 높이고자 한다. 그러나 시장이 성숙하게 되면서 출혈 경쟁하는 업체들은 수익성 개선의 압박을 받는데, 쇼핑몰에서 제공하는 혜택과 서비스만 누리는 블랙컨슈머나 체리피커로 수익이 더욱 악화되기도 한다. 예를 들어, 어떤 고객은 여러 벌의 의류를 동시에 주문하거나 다양한 사이즈의 옷을 주문하여 확인해 보고 자신에게 어울리거나 사이즈가 맞는 한 벌만 구매 확정하고 나머지는 반품할 계획으로 주문하기도 한다. 또는 이벤트 상품 또는 포인트를 많이 주는 상품만 구매하는 등 수익에는 마이너스인 고객이 많다.

문제는 기업 입장에서는 이러한 고객들 때문에 비용이 급증한다는 데 있다. 예를 들어, 쇼핑몰은 무료 배송과 반품이 모두 비용으로 처리된다. 반품이 발생하였을 때 제품 검수, 재포장, 그리고 할인된 가격으로 물건을 재판매하거나, 또는 반품되는 제품을 폐기하기 때문에 이 모두가 손실로 처리된다. 또한, 환불 처리로 인하여 재고가 실시간으로 파악되지 않아 물량 확보에 어려움이 있을 수도 있고, 추가 재고를 확보하기 위해 불필요하게 많은 양의 물건을 주문해야 하기도 한다. 이 모두가 바로 숨겨진 비용이다.

고객은 진화하고 당연히 이를 악용하는 사례는 불가피하지만, 블랙컨슈머와 체리피커 이외에도 일반 소비자들 또한 무료 배송 혜택을 받기 위해서 또는 이벤트를 위해서 필요 이상의 상품을 주문하는 경우도 많고, 이로 인해 반품 또한 증가하고 있다.

하지만 상습 환불 고객을 블랙컨슈머 또는 체리피커로 단정 짓기 어렵고, 환불 건의 대부분이 소수의 고객에게서 나오는데, 이들 또한 회사의 수익에 도움이 되는 미래의 우량 고객이 될 수도 있다. 중요한 것은 이들이 누구인지를 알아야 적절한 대처를 할 수 있고, 이를 위해서는 이들의 구매 거래 내역을 분석하여 그 패턴을 이해한다면 오히려 효율적인 운영의 기회를 가질 수 있을 것이다.

9.2.2 1단계: 목표 이해하기

보경은 본격적으로 데이터 분석을 시작하기에 앞서 이 분석 프로젝트의 목표를 파악하고 회사에서 이 프로젝트를 통해 얻고자 하는 **기대치를 파악**하는 것이 중요하다고 생각하였다. 그래서 프로젝트를 지시한 팀장님과 의견을 조율하고 조언을 줄 만한 전략팀장님 그리고 기획팀원들과 미팅을 주관하였다. 미팅에 앞서 필요한 정보를 얻기 위해 다음과 같은 질문을 준비하였다. 이러한 질문과 답변을 통해 과제의 이해관계자들 사이에서 명확한 기대치를 수립하고 보경이 할 수 있는 것과 이해관계자들이 원하는 것을 정확하게 수립하는 것이 주목적이다.

보경의 미팅 질문지

- 프로젝트의 목표는 무엇인가요?
- 결과물은 무엇이 되어야 하나요?
- 어느 정도의 시간을 가질 수 있나요?
- 제가 사용 가능한 자원(인적, 기술적, 예산)은 무엇인가요?
- 참고할 만한 자료 또는 프로젝트가 있었나요?
- 다른 요구사항 또는 기대가 있나요?

보경은 미리 준비한 질문을 통해 다음과 같은 답변을 얻을 수 있었다.

마케팅팀장의 답변   이번 데이터 분석 프로젝트를 통해서 우리 회사는 블랙컨슈머 또는 체리피커를 실시간으로 모니터링하는 시스템을 만들어 보는 것이 목적입니다. 궁극적인 목표는 그렇지만, 현실적으로 시스템을 만드는 것이 어렵다면 그들의 관련 데이터 분석 결과 정보도 좋은 성과라고 생각합니다. 보경 씨도 잘 알겠지만, 회사가 성장하고 고객이 늘어가면서 우리 회사가 진행하는 여러 프로모션이나 마케팅 행사를 악용하는 고객이 많아요. 회사의 입장에서는 비용적인 측면에서 손실이 점점 커지고 있는데, 그 현황을 파악하고 적절한 대처를 하는 것이 목적입니다.

전략팀장의 답변   저희는 지속해서 양적인 성장을 위해서 노력해 왔습니다. 이제 규모의 성장은 점점 정체되어 가고 있는 상황이에요. 시장에서 여러 온라인 쇼핑몰들과 치열하게 경쟁하고 있는 상황에서 출혈 경쟁을 지속하기보다는 합리적인 운영이 필요한 시점입니다. 그 일환으로 블랙컨슈머나 체리피커 고객들의 성향을 파악하고자 노력하였습니다. 고객들은 트렌드에 민감하고 쉽게 경쟁사로 옮겨 갈 수 있어요. 일단은 많은 고객을 확보하는 것이 목표이기 때문에 많은 프로모션을 진행하고는 있는데, 블랙컨슈머나 체리피커 고객들의 성향과 실제 그들의 구매 내역, 금액 등을 파악하여야 비용을 최소화하면서 효과적인 대응이 가능하다고 생각합니다.

전략팀원의 답변   저희 전략팀에서 유사한 프로젝트를 진행하고자 하였는데, 데이터 분석 경험이 있는 인력이 없어서 마케팅팀에서 이 프로젝트를 진행해 주길 요청했습니다. 저희가 프로젝트를 추진하던 시점에 파악한 내용이 있으니 필요하시면 전달해 드리겠습니다.

마케팅팀장의 답변   보경 씨에게 이번 프로젝트가 어려운 과제인 것은 충분히 알고 있습니다. 저희가 필요한 예산과 인력은 최대한 지원하도록 할 테니 주도적으로 진행하면 됩니다. IT 부서에서 데이터 분석을 지원할 수 있는 데이터베이스 전문 인력이 있으니 같이 프로젝트를 진행하면 됩니다. 결과물에 대해서는 정해진 범위는 없습니다만, 일반적인 프로젝트 관리 측면에서 나올 수 있는 산출물 문서는 있어야 할 것 같습니다. 그래야지 향후 진행할 프로젝트에 활용이 가능할 것입니다. 그리고 프로젝

진행 중에 전략팀과 마케팅팀원들과 인터뷰를 진행하여 블랙컨슈머 또는 체리피커 성향에 대한 자료를 조사하고 이를 어떻게 데이터로 분석할 수 있을지를 고민해서 진행하면 좋은 결과가 있을 것으로 예상합니다. 기간은 넉넉하게 16주 정도로 진행해 보고, 진행 상황에 맞게 유동적으로 조절하도록 합시다.

MEETING MINUTES(회의록)

참가자	IT	
	마케팅	
장소	마케팅팀 5층 회의실	
날짜		
작성자		리뷰어

회의 주제	프로젝트 Kick Off Meeting
회의 목적	프로젝트 목표 이해하기
회의 내용 요약	1) 프로젝트의 목표 2) 결과물 3) 프로젝트 스케줄 4) 가용 자원 5) 기대치
협의사항	1.
요청자료	

그림 9.2 **프로젝트의 목표와 기대치를 이해하고 확인하기 위해 보경이 작성한 회의록**

보경은 위와 같은 질문과 답변들을 통해 보다 과제가 추구하고자 하는 방향, 기대치, 가용 자원 등을 명확하게 이해할 수 있었다. 또한, 보경은 미팅 과정에서 예상보다 많은 정보를 얻을 수 있었다는 것에 놀라웠고, 이를 토대로 요구사항에 대해서 명확하게 정리하기 위해 다음과 같이 프로젝트와 관련된 사항을 문서화하였다.

프로젝트의 목표 블랙컨슈머 또는 체리피커의 성향을 파악하고 구매 및 거래 내역을 실시간으로 모니터링하는 시스템을 구축하라!

보경의 역할

- 데이터 분석 프로젝트 매니저로 프로젝트를 주도하고 결과물을 도출한다.
- 요구사항을 정확하게 파악하고 비즈니스 시나리오를 구상한다.
- 이해 구성원들과 프로젝트 참여자들 사이에서 프로젝트를 조율하고 리드한다.
- 산출물을 작성하고 품질을 검토한다.
- 주기적으로 진행 상황을 파악하고 진척도를 보고한다.
- 결과물을 확인하고 결과를 경영진에 보고한다.
- 프로젝트 결과물을 바탕으로 차후 발전 방안을 기획한다.

산출물 내역 프로젝트 관리 방법론에 따른 기본 산출물, 블랙컨슈머 또는 체리피커 성향 분석서, 데이터 분석 및 시스템 구축 산출물 등

결과물의 사용자 마케팅 및 전략팀장 및 팀원들

사용 가능한 자원 데이터 분석을 지원할 담당자를 프로젝트에 참여하게 하여 보경을 지원

기간 16주로 예상하지만, 진행 상황에 맞게 유동적으로 조절

정리된 내용을 간단한 회의록 형태로 정리하여 회의에 참여한 사람들에게 회람하여 이해도에 대해서 확인을 받는 과정을 거쳤다.

9.2.3 2단계: 계획 세우기

이제 프로젝트의 목표를 명확하게 정리하였고, 다음으로 프로젝트의 계획을 수립할 차례다. 보경은 미팅에서 프로젝트 수행을 위해 16주 정도의 시간을 팀장님에게 배정받았다. 보경은 작업 분할 구조도Work Breakdown Structure, WBS를 만들기에 앞서, 진행한 미팅을 바탕으로 앞으로 해야 할 일에 대해서 나열하고 업무의 선후 관계를 파악하여 정리해 보았다.

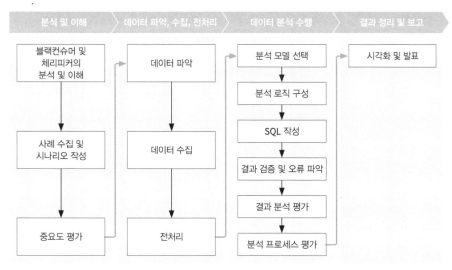

| 분석 및 이해 | 데이터 파악, 수집, 전처리 | 데이터 분석 수행 | 결과 정리 및 보고 |

블랙컨슈머 및 체리피커의 분석 및 이해 → 데이터 파악 → 분석 모델 선택 → 시각화 및 발표

사례 수집 및 시나리오 작성 → 데이터 수집 → 분석 로직 구성

중요도 평가 → 전처리 → SQL 작성

결과 검증 및 오류 파악

결과 분석 평가

분석 프로세스 평가

그림 9.3 **분석 프로젝트 수행 상세 과제 및 순서**

해야 할 일을 정리한 이후 16주 동안 보경이 수행해야 할 일들에 대해서 정리하고, 보경은 수행 업무와 예상 소요 시간을 고려하여 다음과 같은 작업 분할 구조도 형태의 스케줄 표를 작성하였다. 작업 분할 구조도에 따라 그림 9.4와 같이 주별 구체적인 업무에 대해 정리하였다.

Tasks	In-Charge	Output
Kick off		
분석 및 이해		
여러가지 시나리오 작성 및 중요도 평가		분석 시나리오 평가서
데이터 가능 여부 확인		인터뷰 메모, 데이터 확인 메모
가용 데이터 파악, 수집, 전처리		
데이터 파악		데이터 분석서
데이터 수집		
전처리		
중간 점검		중간 보고서
데이터 분석 수행		
분석 모델 선택 (설명적 분석 모델)		분석 모델 평가서
분석 로직 구성		시나리오 정의서 및 플로우 차트
SQL 작성		SQL 스크립트
검증 및 평가		
결과 검증		결과 분석 및 평가서
오류 파악		
결과 분석 평가		
분석 프로세스 평가		
최종 보고		
시각화 및 발표		최종 보고서

그림 9.4 **분석 프로젝트 WBS 작성**

9.2.4 3단계: 블랙컨슈머와 체리피커에 대한 분석 및 이해

보경은 데이터 분석에 앞서 비즈니스 측면에서 분석 대상이 될 사례를 수집하고 비즈니스 분석을 시작하였다. 실제로 쇼핑몰에서 일어나는 여러 블랙컨슈머와 체리피커 사례를 조사하고 이를 어떻게 데이터로 분석할지에 대해서 고민해 보기로 하였다.

블랙컨슈머 및 체리피커 사례 조사(예시)

사례 1 일부 고객은 단종된 상품만을 지속해서 구매하고 있다

경쟁사 온라인 쇼핑몰에서도 판매하지 않고 재고가 없는 상품 위주로 구매한다. 구매 후 여러 차례에 걸쳐 다양한 이유로 교환을 요구하고 있는데, 재고가 없는 관계로 교환이 불가능하다. 이로 인해 고객에게 연락을 취해 사정을 설명하고 포인트 또는 기프트 카드를 제공하였다. 하지만 고객은 심한 욕설과 함께 반복적으로 항의를 하고 쇼핑몰 홈페이지에 부정적인 리뷰와 함께 손해배상을 요구하고 있다.

사례 2 특정 고객은 저렴한 제품을 구매하고 지속해서 반품을 요구한다

쇼핑몰 입장에서는 가격이 낮은 제품의 경우 제품을 창고로 다시 반품시켜 놓기보다 고객이 제품을 그대로 갖고 있도록 하는 것이 비용 측면에서 더욱 효과적인 경우가 있다. 반송으로 인한 비용과 제품 폐기 및 재판매 비용이 수익보다 더 큰 경우다. 몇몇 고객은 쇼핑몰의 이러한 상황을 파악하고 불필요한 물품을 구매한 후 의도적으로 반품을 요구하고, 지불한 금액을 돌려받고 상품은 가지는 경우가 있다.

사례 3 몇몇 고객은 주문을 한 후 쇼핑몰로 연락하여 다른 쇼핑몰에서 더 낮은 가격으로 제품을 판매하고 있다며 그 가격에 맞춰주거나 반품을 요구한다

이미 구매가 확정된 상태에서 차액을 환불하도록 요구하는 것인데, 고객 서비스 담당자는 확인 후 가능한 경우 차액을 환불해 주고, 반품을 요구할 시에는 때에 따라 반품하지 않아도 된다고 대응한다. 고객들은 이를 악용해 더 많은 동일 제품을 주문하고 며칠 후 다시 반품 요구하기를 반복한다.

보경은 회사 내부 및 외부에서 수집한 사례를 종합하여 블랙컨슈머 및 체리피커의 분석을 위한 기초 사례와 시나리오를 정리하였다. 이를 기초 자료로 데이터 분석이

가능한 사례를 찾아내고, 데이터 분석을 위한 소스 파악과 로직을 만들 예정이다.

9.2.5 4단계: 데이터 취득 및 전처리하기

비즈니스 시나리오를 구성한 이후 이제 데이터 분석에 활용하기 위한 데이터를 취득하여 본격적으로 데이터를 다룰 차례다. 지금부터 보경이 어떻게 데이터를 취득하고 데이터 전처리 작업을 하는지 하나씩 살펴보자.

❶ 데이터 파악하기

데이터 취득을 위해서는 가용 데이터를 파악해야 한다. 보경은 분석에 사용할 데이터를 분석하기 위해서 필요한 데이터가 무엇인지 정리해 보기로 하였다. 정리한 사례와 시나리오를 바탕으로 개략적으로 필요할 것 같은 논리적인 데이터를 다음과 같이 나열해 보았다.

- **거래 정보** 분석에 필요한 실제 데이터
- **고객 정보** 고객 정보를 확인하기 위한 데이터
- **상품 정보** 분석 결과에 상세 정보를 확인하기 위해 필요한 데이터

보경은 결과물에 포함되어야 하는 논리적인 데이터는 위에서 정리한 세 가지 데이터 소스라면 충분하다고 생각하였다.

이제는 필요 데이터가 실제로 어디에서 어떻게 보관되어 있는지를 확인해야 한다. 이를 위해서 보경은 IT 부서의 담당자에게 이메일로 문의하였고, 다음과 같은 답변을 받았다.

To: 보경님

저희 회사는 다음의 시스템을 운영, 관리하고 있습니다.

1. 고객과의 거래를 기록하고 있는 거래 시스템
2. 고객 정보를 관리 및 보관하는 고객 관리 시스템
3. 상품 마스터 데이터베이스

필요한 데이터 내역은 자세하게 살펴봐야겠지만, 원하시는 정보는 위의 시스템에서 확보가 가능할 듯합니다. 추가 문의 또는 향후 계획에 대해서 알려주시면 지원하겠습니다.

IT 담당자의 답변에 따르면 필요한 데이터는 내부에서 모두 확보할 수 있다는 결론에 이를 수 있었다!

💡 내부 vs. 외부

이 케이스는 ERP(전사적 자원 관리), CRM(고객 관리), POS(매출 관리) 등 시스템 내부의 데이터를 통해서 수행해야 하는 프로젝트다. 프로젝트의 특성상 내부에서 수집된 데이터로 분석할 수 있다.

뒤에서 언급하겠지만, 보경이 수행하고 있는 분석은 데이터 분석 모델 중 설명적 분석(Descriptive Analytics)에 해당한다. 즉, 현재 고객의 구매 행위와 패턴 등을 분석하여 현재 고객의 행위와 관련한 질문에 답을 알려주는 분석 유형이다. 향후 앞으로 일어날 일에 대해 예측을 시도하는 분석 유형인 예측 분석(Predictive Analytics) 모델을 개발하고자 한다면 외부 데이터의 활용이 필요하다. 예를 들어, 소셜 미디어(트위터, 페이스북, 인스타그램) 데이터를 수집하여 내부 거래 데이터와 결합하여 분석할 수 있을 것이다.

❷ 데이터 취득하기

보경은 필요한 데이터를 내부에서 관리하고 있다는 것을 확인하였다. 이제는 앞서 분석한 비즈니스 사례 및 시나리오를 바탕으로 실제로 데이터 분석이 가능 여부를 판단하기 위해 더욱 깊이 데이터를 확인할 차례다. 데이터베이스가 존재하지만 실제로 데이터가 어느 테이블에 보관되어 있는지, 그리고 어떠한 형태로 관리되고 있는지를 실제로 확인하고자 하였다. 이를 위해서 IT 부서 담당자의 도움을 받고 인터뷰를 통해 원하는 데이터를 자세하게 파악하고자 하였다.

데이터 취득을 위한 IT 부서와의 1차 인터뷰

보경은 앞서 파악한 **비즈니스 분석 결과**(블랙컨슈머와 체리피커 사례 및 시나리오)와 **필요한 데이터 리스트**(고객, 거래, 상품 정보)를 바탕으로 IT 부서와의 미팅을 진행하기로 하였다. IT 부서와의 미팅을 통해서 얻고자 하는 목표는 다음과 같다.

목표 1 비즈니스 사례를 데이터 분석 가능 여부 파악

목표 2 소스 데이터베이스 및 테이블 파악

목표 3 데이터 입수 방법 논의

보경은 IT 부서와 미팅 과정에서 최대한 원하는 바를 달성하기 위해 철저한 준비를 하였다. 바쁜 일정 속에 어렵게 1시간의 미팅 시간 동안 IT 팀원들에게 이 프로젝트를 최대한 잘 이해시키고, 이 프로젝트의 배경과 목적을 소개한 후에 원하는 데이터가 어떠한 것이라는 것을 설명하였다.

개략적으로 필요한 데이터가 무엇인지를 설명하고, 어떤 데이터베이스에서 데이터를 보관하고 있으며, 보유하고 있지 않은 데이터는 또 무엇인지도 물어본다.

시나리오#	분류	시나리오 개요	관련 데이터베이스	담당자	테이블명
1.1	부정반품	단종상품 구매 후 반품 고객	거래데이터 고객데이터	김 대리	CRM_RT SLA_AT
2.1	반품	저렴한 상품(1만원 이하) 구매 후 반품 신청	거래데이터 고객데이터	박 차장	CRM_RT SLA_AT
3.1	할인	지속적 가격 할인 요구	거래데이터 상품데이터	최 차장	CRM_RT SLA_AT
...	...	...	...	...	...
...	...	...	...	...	...
...	...	...	...	...	...

그림 9.5 **비즈니스 사례 리스트와 데이터 분석 결과**

1차 인터뷰 내용

보경: 안녕하세요? 저는 이번 데이터 분석 프로젝트를 진행하고 있습니다. 간단하게 저희 프로젝트에 대해서 소개하겠습니다. (중략)

프로젝트를 위해서 회사 내에서 가용한 데이터를 이용하여 데이터를 분석하고자 합니다. 지금까지 저희가 파악한 시나리오와 예상되는 필요 데이터 세트를 정리하였습니다. (중략)

1. 소개한 비즈니스 사례를 데이터를 활용하여 분석하기 위해서 우리 회사는 어떤 데이터베이스를 운영하고 있나요?
2. 우리가 원하는 결과를 얻기 위해서 비즈니스 사례를 분석하여야·하는데, (상세한 요구사항 단계로 내려와서) 어떤 데이터베이스의 어떤 테이블을 참조해야 하나요?
3. 저희가 데이터를 확인하기 위해서는 어떠한 방식으로 데이터를 받을 수 있을까요? 가능하다면 읽기 권한으로 데이터베이스에 접근 권한을 주실 수 있나요?

IT 담당자와의 인터뷰는 성공적이었고 필요한 정보를 얻을 수 있었다. 데이터베이스 관리자는 담당자의 승인을 거쳐 읽기 권한으로 보경에게 데이터에 직접 접근하여 확인할 수 있는 권한을 부여한다고 하였다. 이에 보경은 같은 프로젝트 팀원인 데이터베이스 분석 담당자와 함께 데이터베이스에 접근하여 샘플 데이터를 활용하여 샘플 테스트 분석을 하면서 테스트를 진행하기로 하였다.

보경이 데이터 분석을 위한 비즈니스 측면에서 분석 로직을 만들면, SQL 담당자가 쿼리Query[19]를 작성하여 실제로 데이터를 분석하여 결괏값을 보면서 로직을 검증하고 업그레이드하는 방식으로 업무를 진행하기로 하였다. 이후 샘플 데이터를 활용하여 설계한 로직이 적절한지를 검증까지 간략하게 해보고 대용량 데이터를 분석하기로 하였다.

데이터 분석 과정에서 시행착오를 겪고 난관에 부딪히면 질문을 정리하여 이후 몇 차례 IT팀과 미팅을 통해서 질문을 해소하며 프로젝트를 진행하였다.

❸ 데이터 전처리하기

이제부터는 승인받은 접속 권한으로 직접 데이터베이스에 접근하여 데이터를 확인하기로 하였다. 보경과 프로젝트 팀원은 필요한 데이터베이스에 접근하여 어떠한 데이터가 보관 및 관리되고 있는지를 확인하기로 하였다.

---

19 데이터베이스를 구축하고 활용하기 위해 사용하는 언어가 바로 SQL(Structured Query Language)이다. SQL은 관계형 데이터 모델로 표현되는 데이터베이스를 다루는 언어로, 가장 널리 사용되고 있다. 조직에서 데이터베이스를 운영하고 있다면 대부분은 SQL 방식의 관계형 데이터베이스다. 회원 정보, 판매 이력, 상품 정보 등도 대부분 SQL 방식으로 저장되어 있는데, SQL 문법에 맞게 명령을 내리는 언어가 'SQL 쿼리(Query)'다. SELECT, FROM, WHERE, GROUP BY, HAVING, INNER JOIN, LEFT JOIN 등을 이용하여 데이터 추출 명령을 내릴 수 있다. 현업 부서, 특히 마케팅 부서의 담당자들도 SQL 쿼리를 이용한 데이터 추출 및 분석에 익숙한 경우가 많다. 그렇기 때문에 이번 가상 프로젝트에서는 SQL을 이용하여 데이터를 분석하는 것으로 가정하고 케이스를 구성하였다.

보경은 다음과 같은 순서로 데이터의 무결성을 파악하고 전처리를 수행하였다.

무결성 테스트 순서

- ☑ 필드 검사
- ☑ 전체 행 개수 및 값 합계 검사
- ☑ 데이터 유형 불일치, 값 입력 방식의 변형 및 누락된 값 확인
- ☑ 데이터 범위가 원하는 데이터 숫자 및 날짜 범위의 데이터인지 여부 확인
- ☑ 중복, 누락 값 및 이상 데이터 찾기

> **결과** **무결성 검사 결과, 고객 데이터에서 중복 및 누락 값이 다수 존재하는 것을 파악하였다.**

필요한 대부분 데이터의 품질은 양호하고 필요한 필수 데이터의 무결성에 큰 문제점을 발견하지 못했다. 하지만 고객 데이터베이스에서 중복 및 누락된 데이터가 일부 있음을 확인하였다.

특히, 주소와 이름, 전화번호 등이 정확하지 않을 수도 있다고 판단되었다. 개인 정보 제공을 꺼리는 경우도 있을 수 있고, 체리피커 또는 블랙컨슈머일 확률이 높은 고객이라면 정확한 정보를 제공하지 않을 가능성이 높을 것이라는 판단이 들었다. 이에 고객 정보 중 중복, 누락 값 및 이상 데이터를 찾는 데 집중하였다. 중복 또는 관련이 없는 고객 정보가 기입된 데이터는 확인 후 제거하거나 체리피커 또는 블랙컨슈머일 확률이 높으므로 따로 보관하여 활용하기로 하였다.

데이터 무결성 검사 시나리오 예시
— 고객 정보의 주소와 실제 구매 배송 주소가 다른 경우

특정 고객이 구매한 거래 내역을 확인한 결과, 고객 정보에 기재된 고객 주소 정보와 실제 구매 후 배송을 요청한 주소가 전혀 일치하지 않는 경우는 그 고객의 주소 정보를 신뢰할 수 있을까?

이러한 추론을 바탕으로 고객 마스터의 주소 정보와 실제 배송지 정보가 전혀 일치하지 않다면 그 고객의 주소 정보를 분석에 사용하지 않기로 한다.

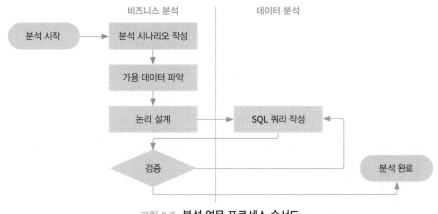

고객 정보 마스터

고객 번호	이름	생년월일	주소
1111	홍길동	1981.02.20	서울.xx.xxx
1112	이순신	1991.12.10	부산.xx.xxx
1113	손오공	1995.09.11	대구.xx.xxx
1114	윤봉길	1998.10.02	대전.xx.xxx
1115	황진원	1999.01.19	광주.xx.xxx
1116	윤이나	1967.05.25	목포.xx.xxx
1117	윤나라	2005.09.19	안동.xx.xxx

매출 데이터 내역

고객 번호	상품 번호	금액	배송 주소
1111	1234	30,000	광주.xx.xxx
1111	2344	45,000	대전.xx.xxx
1111	1234	7,000	광주.xx.xxx
1111	4321	50,000	대전.xx.xxx
1111	2453	27,000	부산.xx.xxx
1111	1234	3,500	대구.xx.xxx
1111	1234	2,700	철원.xx.xxx

고객 정보 마스터의 주소 정보와 매출 데이터의 배송 주소가 전혀 일치하지 않는 경우

그림 9.6 **데이터 무결성 검사 예시**

9.2.6 5단계: 데이터 분석하기

앞에서 보경은 여러 차례의 인터뷰와 비즈니스 요구사항을 분석하여 논리적인 분석 설계를 마쳤다. 그리고 실제 데이터를 확인하여 오류, 중복 및 누락 데이터가 있음을 알았고 이를 전처리하였다.

블랙컨슈머 및 체리피커의 비즈니스 사례 및 시나리오를 바탕으로 데이터를 분석 및 추출하기 위해 보경은 논리적인 수준에서 로직을 설계하였다.

비즈니스 분석　　　　　데이터 분석

분석 시작 → 분석 시나리오 작성

가용 데이터 파악

논리 설계 → SQL 쿼리 작성

검증

분석 완료

그림 9.7 **분석 업무 프로세스 순서도**

분석 설계 업무 예시

예를 들어, '**특정 고객들은 저렴한 제품을 구매하고 지속해서 반품을 요구한다**'라는 시나리오를 데이터로 분석하기 위해 보경은 다음과 같이 분석 설계를 하였다.

필요 데이터   고객 데이터, 상품 데이터, 거래 데이터

기준   6개월간의 거래 내역에서 3천 원 이하의 물품을 10회 이상 반품한 이력이 있는 고객을 추출한다.

상세 논리 설계

1. 거래 데이터에서 최근 6개월간 구매 내역 중 반품 이력이 10회 있는 거래 추출
2. 추출된 결과에 반품이 10회 이상인 고객 정보를 추출
3. 주로 반품이 일어난 상품 목록이 무엇인지, 그리고 거래 및 반품 패턴을 보여줄 상세 정보를 추가하여 결과물에 포함

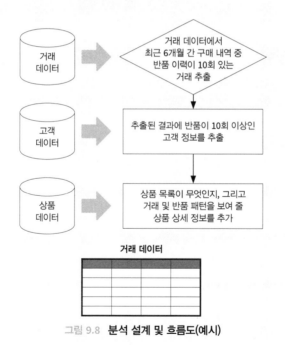

그림 9.8 **분석 설계 및 흐름도(예시)**

이렇게 보경은 자신이 할 수 있는 수준에서 상세 논리 설계를 수행하고 이를 문서화하였다. 덕분에 프로젝트 동료인 DB 전문가가 혼란 없이 SQL을 이용하여 데이터를 분석할 수 있는 쿼리를 작성할 수 있었다.

이 설계를 바탕으로 IT 지원 담당자는 SQL 쿼리를 작성하여 데이터를 분석하고 보경에서 전달하였다.

```
1 SELECT
2   amt,
3   date,
4   avg (amt),
5 FROM sales
6 WHERE count (return) > 10;
7 ORDER BY CustomerName ASC;
```

그림 9.9 **SQL 쿼리 작성 예시**

9.2.7 6단계: 검증 및 평가하기

이제 보경은 분석 시나리오 작성, 데이터 파악 및 확보, 논리 설계, SQL 쿼리 작성 과정을 거쳐 실제 결과물을 손에 얻었다.

블랙컨슈머 및 체리피커 사례별 분석 결과(예시)

사례 1 단종 상품 구매 후 반품 고객

- **고객 수**: 지난 1년간 10회 이상 단종 상품을 구매하고 반품한 고객은 368명이다.
- **거래 횟수**: 8,464회(평균 23회 × 368명)
- **총 거래 및 잠재 손실 금액**: 211,600,000원(평균 2만5천 원 × 평균 23회 × 368명)
- **회사의 주 대응 방안**: 포인트 또는 기프트 카드 제공

사례 2 저렴한 상품(1만 원 이하) 구매 후 반품 신청

- **고객 수**: 지난 1년간 1만 원 이하 상품을 구매 후 반품 신청하였으나 상품을 반품하지 않은 고객은 총 3,538명이다.
- **거래 횟수**: 123,830회(평균 35회 × 3,538명)

- **총 거래 및 잠재 손실 금액**: 1,176,385,000원(평균 9천5백 원 × 평균 35회 × 3,538명)
- **회사의 주 대응 방안**: 반송으로 인한 비용과 제품 폐기 및 재판매가 비용이 수익보다 크기 때문에 반품 없이 환불함
- **고객의 주 연령대 및 배송 지역**: 40대 여성 & 30대 남성 및 수도권 지역

사례 3 타 쇼핑몰과 가격 비교 후 지속해서 가격을 맞춰 주기를 요구하거나 이를 받아들여 주지 않을 경우 반품을 요구

- **고객 수**: 지난 1년간 10회 이상 타 쇼핑몰과 가격 비교 후 지속해서 가격을 맞춰 주기를 요구하거나 이를 받아들여 주지 않을 경우 반품을 요구하는 고객은 총 2,542명이다.
- **거래 횟수**: 43,214회(평균 17회 × 2,542명)
- **총 거래 및 잠재 손실 금액**: 1,512,490,000원(평균 3만5천 원 × 평균 17회 × 2,542명)
- **회사의 주 대응 방안**: 이미 구매가 확정된 상태에서 차액을 환불하도록 요구하는 것인데, 고객 서비스 담당자는 확인 후 대부분 차액을 환불해 줌
- **고객의 주 연령대 및 배송 지역**: 40대 여성 & 30대 남성 및 경남 지역

이제는 그 결과물에 대한 분석 결과 데이터를 평가하고 결과물에 대한 객관적인 검증과 평가가 필요하다. 분석한 결과가 실제로 의미가 있는지, 유의미한 결과물인지를 확인하고 검증하여 그다음 단계로 넘어갈지를 결정할 수 있다. 보경은 표 9.1의 체크리스트를 활용하여 분석 결과를 평가, 검증하기로 하였다.

표 9.1 데이터 결과 검증 및 평가 체크리스트

	예	아니오
1. 데이터 결과가 정확하고 오류가 존재하지 않는가?	예☐	아니오☐
2. 데이터 분석 결과가 목표에 부합하는 결과인가?	예☐	아니오☐
3. 결과물을 확인해 본 결과, 일반적인 관점 또는 상식선에서 수용할 수 있는 결과인가?	예☐	아니오☐
4. 결과가 의사결정에 도움이 되는가?	예☐	아니오☐
5. 분석 설계에서 요구한 내용을 누락 없이 분석하였는가?	예☐	아니오☐

표 9.1의 체크리스트를 통해 결과물에 대한 검증 작업을 실시하였고, 3번(결과물을 확인해 본 결과, 일반적인 관점 또는 상식선에서 수용할 수 있는 결과인가?) 질문에 답하기 위해

해당 부서에 결과물을 보내고 검토를 요청했더니 사례 1(단종상품 구매 후 반품 고객)의 결과 수치(지난 1년간 10회 이상 단종 상품을 구매하고 반품한 고객은 368명이다)가 너무 낮게 나왔다는 의견을 들었다.

보경은 담당자와 몇 번의 검토 끝에 분석 로직 또는 모델링의 오류Analysis Logic & Modelling Error로 인하여 결과물에 문제가 있음을 확인하였다. 즉, 분석에 사용된 로직에 사용한 조건이 적합하지 않아 유의미한 결과가 잘못 나온 것이다.

결과 검증 및 오류 수정 예시

1. 처음 설계 시에 반품 숫자를 10 이상으로 하고 분석하였더니 10회 이상 반품한 고객이 너무 많아 결괏값이 유의미하지 않다는 의견을 받았다. 그래서 분석에 사용한 로직을 15회 이상으로 변경하여 SQL 쿼리를 변경하기로 하였다.

```
1 SELECT
2   amt,
3   date,
4   avg (amt),
5 FROM sales
6 WHERE count (return) > 10;
7 ORDER BY CustomerName ASC;
```

그림 9.10 **수정 전 SQL 쿼리**

2. 반품 숫자를 15 이상으로 분석하였을 때 10회 이상 반품한 고객 숫자보다 확연히 줄어든 결과를 확인할 수 있었다. 15회 이상 반품한 고객의 전체 반품 평균 금액이 10회 이상 고객보다 평균적으로 월등히 크다는 것을 확인하였고, 15회 이상 반품 조건이 분석 결과로 유의미하다는 결론을 내렸다. 그래서 분석에 사용한 로직을 15회 이상으로 변경한 SQL 쿼리를 사용하기로 하였다.

```
1 SELECT
2   amt,
3   date,
4   avg (amt),
5 FROM sales
6 WHERE count (return) > 15;
7 ORDER BY CustomerName ASC;
```

그림 9.11 **수정 후 SQL 쿼리**

이에 여러 번의 시뮬레이션을 거쳐 가장 의미 있는 로직과 조건을 찾아냈고, 이를 반영하여 SQL 쿼리를 업데이트하여 문제를 해결하였다.

9.2.8 7단계: 시각화 및 발표하기

데이터 분석을 마친 보경은 결과 발표 미팅에 필요한 자료를 준비하기로 하였다. 보경은 분석 자료를 효과적으로 전달하기 위해 적절한 차트를 선택해야 하는데, 보경이 차트를 선택하고 작성해 가는 과정을 살펴보자.

보경은 시나리오별로 다른 결과물을 가지고 있어서 시나리오별로 적절한 차트를 선택하여 사용하기로 하였다.

표 9.2 **결과물별 차트 선택**

분석 번호	주 결과물	목적	차트
1	추출된 고객의 숫자 비교	비교 분석	막대 차트, 라인 차트, 방사형 차트
2	전체 거래 금액의 구성	구성 분석	파이 차트, 영역 차트, 누적 막대 차트, 폭포수 차트
3	고객의 연령과 거래 금액의 관계	관계 분석	분산형 차트, 버블 차트
4	고객 거주 지역과 거래 금액	분포 분석	지도형 차트

❶ 발표 및 스토리텔링하기

보경은 16주간의 프로젝트를 마치고 마케팅팀장님, 전략팀장님, 그리고 관련 팀원들을 모시고 최종 보고를 하였다. 프로젝트 결과 보고는 다음과 같은 순서로 구성하였다.

최종 보고 목차(예시)

1. 프로젝트 소개
2. 16주간 프로젝트 진행 및 과정 공유
3. 결과물 및 관련 데이터 분석 결과 정보 소개
   - 블랙컨슈머 또는 체리피커 비즈니스 사례 소개

- 데이터 분석 결과
  - 블랙컨슈머 또는 체리피커 고객으로 파악되는 전체 거래 건수 및 거래 금액
  - 지역별, 연령별, 거래 물품별 데이터 현황
4. 향후 전략 수립 및 과제

보경은 분석 결과와 더불어 프로젝트 초기에 마케팅팀장님이 생각하는 본 프로젝트를 통해 추구하는 목표, 즉 블랙컨슈머 또는 체리피커를 실시간으로 모니터링하는 시스템에 도움이 될 만한 아이디어 등을 함께 제시하였다.

9.3 교훈 및 개선점 찾기

보경은 이번 프로젝트를 진행하게 되면서 다음과 같은 교훈을 얻었다.

1. 데이터 분석 프로젝트의 전반적인 절차의 이해와 체계적 운영 방법
2. 프로젝트 목표의 이해와 기대치의 수립
3. 데이터 분석을 위해 여러 이해관계자(비즈니스 담당자, IT 담당자, 프로젝트 팀원)와의 협업
4. 비즈니스 분석과 논리 설계의 중요성

프로젝트 마무리와 발표가 성공적으로 마무리되었지만, 보경은 이번 프로젝트를 발전시킬 수 있는 발전 방향과 개선점을 정리해 보았다.

이번 프로젝트에서 보경이 수행한 분석은 데이터 분석 모델 중 설명적 분석Descriptive Analytics에 해당한다. 이번 프로젝트에서는 블랙컨슈머 및 체리피커의 현황 파악에 집중하였다. 즉, 현재 고객의 구매 행위와 패턴 등을 분석하여 현재 고객의 행위와 관련한 질문에 답을 알려주는 분석 유형이다. 데이터 분석 유형 중에서 가장 일반적이

면서 난이도가 낮다. 보경의 경험과 여건을 고려하였을 때 현재 수준에서 가장 적합한 분석 모델이다. 하지만 빠르게 변화하는 비즈니스 환경과 치열한 경쟁에서 살아남기 위해서는 향후 진화된 분석을 수행하고자 하는 플랜을 만들기로 했다. 즉, 예측 분석Predictive Analytics 모델을 개발해 보는 것이다. 앞에서 학습하였듯이, 예측 분석은 앞으로 일어날 일에 대해 예측을 시도하는 분석 유형이다. 이를 위해 내부 데이터를 넘어 트위터, 페이스북, 인스타그램과 같은 소셜 미디어 등 분석에 유용할 수 있는 모든 형태의 데이터를 수집하여 한곳에 정리하고 고객을 데이터를 통해 최대한 이해해 보자는 것이다.

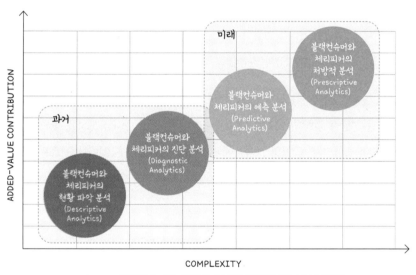

그림 9.12 **블랙컨슈머와 체리피커 분석 발전 방안(마스터 플랜)**

보경은 프로젝트 중/후반에 대용량의 데이터 분석 결과를 이해하고 해석하는 단계에서 전체 맥락을 고려하지 않고 어느 순간 데이터와 수치 자체에만 매몰되어 큰 그림을 놓치는 경우가 있었다. 프로젝트의 목적은 데이터 자체라기보다 데이터를 종합적으로 이해하고 데이터가 말하는 메시지를 이해하는 것을 명심해야 한다는 것을 잊어서는 안 된다. 데이터 검증 과정에서는 분석 결과의 해석에 대해 끊임없이 질문해서 프로젝트 목적에 부합하는 결과를 얻도록 해야 한다는 사실을 다시 한번 깨달았다.

영국의 테스코(Tesco)라는 회사는 작은 슈퍼마켓에서 시작해 굵직한 대형 유통업체로 성장한 유명한 회사다. 테스코는 데이터의 가치를 중요하게 여겨서 경영 혁신에 데이터 분석을 적극적으로 도입하려고 했다. 하지만 기업의 성장에는 결국 제동이 걸리게 되는데... 그 이유는 무엇이었을까?

지금으로부터 무려 20년 전인 2000년대 초반부터 테스코는 고객들의 클럽 카드를 통해 구매 데이터를 수집하였다. 이러한 데이터를 바탕으로 고객들의 구매 패턴과 심리에 대한 분석을 수행하였다. 고객들이 가격에 민감한 반응을 보이는 제품들을 선별해 내고 이를 경쟁사보다 낮은 가격으로 제공하여 시장의 점유율을 확보하는 데 성공한다.

그러나 초기의 성공 효과 덕분인지 테스코는 데이터 분석 결과를 지나치게 맹신하게 되었고, 이 점이 더 큰 성장에 걸림돌이 되었다. 예를 들면, 기존 제품 데이터 분석을 통해 도출한 고객의 행동 및 심리를 다른 국가의 고객들에게 그대로 적용하려 한 것이다. 새로운 시장의 고객에 대한 데이터 수집 및 이해 없이 기존의 데이터 분석 결과를 단순하게 적용하려다 실패를 경험하고 만다.

데이터 분석은 우리의 의사 결정을 도와주는 객관적인 도구다. 하지만 데이터를 사용하고 분석할 때는 데이터가 고려하는 범위와 가정에 대한 명확한 이해가 필요하다. 이들을 배제한 데이터의 맹신과 단순화적인 적용법은 회사의 위기를 초래할 수도 있다는 중요한 사례다.

찾아보기